JN095555

弁護士のための PR（広報）実務入門

PRの考え方・平常時の活動から 記者会見・ネット炎上対応まで

PR実務研究会 ［編］

発行 民事法研究会

は し が き

　近時、インターネットの普及により、メディア対応のあり方が大きく変わったと言われています。

　迂闊な発言が原因で炎上することは、ほぼ毎日のように起こる出来事ですし、迂闊な発言がその日のうちに SNS 等で全世界に配信され法的対応を迫られることは珍しくありません。

　また、弁護士が緊急記者会見等に同席することも珍しくなくなりました。このような状況の中、パブリックリレーションズ（PR）は弁護士の必須科目になりつつあるように思います。

　本書を執筆した PR 実務研究会は、弁護士有志による研究会です。STAP 細胞をめぐる報道等で、弁護士がメディア対応を迫られていることを目にしたことから、大阪弁護士会の会派の主催でメディア対応の研修会を実施したことがきっかけで、その後、PR 実務研究会を正式に立ち上げ、約 1 年間かけて弁護士にとって必要な PR をテーマに研究を進めてきました。

　PR 実務研究会は、PR にかかわる弁護士といっても、弁護士によってかかわっているジャンルやかかわり方はさまざまであったため、非常に刺激的な研究会となりました。本書は、研究会での成果をもとに共同で執筆したものです。

　現在、PR は、米国等で、体系的な研究が進められています。しかし、弁護士がそのことに興味をもつことは少ないと思います。本書は、PR に関して、弁護士の実務で役に立つような知識を豊富に入れつつ、できるだけ体系的・横断的理解に至るよう工夫したつもりです。また、弁護士的な思考による現実的なメディア対応については、弁護士のみならず、企業・事業者の方にとっても参考になると思っております。

　本書を手にした方々が、PR の現場に活用していただくことを願っております。

1

　本書については、民事法研究会の田中敦司氏から多数の示唆をいただきました。他にも多くの方々からお世話になりました。この場を借りて感謝の気持ちを伝えさせていただきます。

2023年2月

執筆者代表　　壇　　俊　光

『弁護士のための PR（広報）実務入門』

目　次

第 1 章　PR 概論

第2章　危機管理広報

第3章　緊急時の広報⑴ ──緊急記者会見

第4章　緊急時の広報(2)
──ネット炎上の対応

1　ネット炎上とは ･･････････････････････････････････52

第5章　平常時のPR活動

1　コーポレートPR（企業等広報） ･･････････････74

第6章　プレスリリース

1　プレスリリースとは ……………………………………………96

2　プレスリリースの書き方……………………………………………96

(1)　プレスリリースの形式………………………………………96

(2)　プレスリリースの内容………………………………………98

　　〔図表16〕　プレスリリースの注意点 ………………………………99

　　【参考2】　プレスリリースの一般的なレイアウト …………………99

3　プレスリリースの手法 ……………………………………… 100

第7章　メディアトレーニング

1　メディアトレーニングとは ………………………………… 104

(1)　定　義………………………………………………………… 104

第8章　メディアの種類と傾向

第9章　リスクマネジメント

第10章　マーケティング・ブランド戦略とコミュニケーション

第1章

PR 概論

1　パブリックリレーションズ（PR）の基本

(1)　パブリックリレーションズ（PR）とは

「パブリックリレーションズ」（PR）とは、パブリックつまり社会・大衆とリレーションつまり「関係」を構築することを目的とする活動とされている。

また、「広報」という用語は、「組織が社会と良好な関係を築いていくための活動」といった意味にとらえられることが多く、その場合、広報と PR は同義となる。そのため本書では広報と PR について特に区別せずに用いる。

しかし、何をもってパブリックリレーションズとするかについてはさまざまな意見があり、日本パブリックリレーションズ協会や日本広報学会にはパブリックリレーションズを明確に定めた定義はない。

2012年に米国 PR 協会が、PR について新たな定義を公募したところ、選ばれたのは、「PR とは組織とそれを取り巻く社会の間に相互互恵的な関係を築くための戦略的コミュニケーションプロセス」という定義であった[1]。ただ、PR は多義的であり、定義を厳密に定義する実益はない。

PR は、広義では、広報活動一般を指す。本書では、特に断りのない限り、広義のパブリックリレーションズを PR と記述する。

PR は、広告と混同されることがあるが、有償で料金を払って企業等の宣伝を掲載する広告とは区別されている。

企業等とパブリックとの双方向性をパブリックリレーションズの要件とすることがあるが、パブリシティのように、プレスリリースやインタビューへ

1　〈http://prdefinition.prsa.org/index.php/2012/04/11/the-modern-definition-of-public-relations/〉

の応対などを通じてメディアに報道として自社に関する内容を取り上げてもらう一方向性な活動も、PR活動の一つとされており、双方向性が必須の要件というわけではない。

⑵　PRとステークホルダー

PRがパブリックとの関係性を良好にするマネジメントである以上、その対象は、その組織と何らかの利害関係をもつすべての人々となる。企業等活動にさまざまなステークホルダーが存在する以上、PRもさまざまなリレーションズが存在しうる。そのうち主なものは、〔図表1〕のとおりである。

〔図表1〕　リレーションズとステークホルダー

リレーションズ	ステークホルダー
メディア・リレーションズ	メディア（新聞、雑誌、テレビ、ラジオ、ネットメディア、etc)
エンプロイー・リレーションズ	従業員、組合等
コミュニティ・リレーションズ	地域住民、商店街等
カスタマー・リレーションズ	顧客、消費者等
ガバメント・リレーションズ	政府、監督省庁、政治家等
インベスター・リレーションズ	株主、投資家等

これらのリレーションズは、相互に独立したものではない。良好なメディア・リレーションズが、コミュニティ・リレーションズにも好影響を与えることがあるように、これらのPR活動は相互に関連するものであり、特定のリレーションズだけに特化することは望ましくない。

2　PR に関する概念

(1)　マーケティング PR とコーポレート PR

　PR が企業等活動として行われる以上、企業等活動の内容によっても PR はさまざまに区分される。現在、大きく分けてマーケティング PR とコーポレート PR に区分する考えが有力である。

〔図表 2 〕　マーケティング PR とコーポレート PR

マーケティング PR	コーポレート PR
製品やサービスの販売促進	企業等への好意的なイメージを創り出すことを目的とした活動

(2)　平常時の PR と緊急時の PR

　PR 活動には、平常時の対応を目的とするものと、緊急時の対応を目的とするものに大きく区別されることが多い。

　このうちマーケティング PR の緊急時対応というのは概念としてはあるものの、企業等不祥事等の緊急時対応は特定の製品やサービスだけの問題にとどまるものではないため、一般的にはコーポレート PR の問題として取り扱われている。

　緊急時の PR 活動は、法的対応などの必要性などもあり、弁護士の役割が特に期待されている。

〔図表 3 〕　平常時の PR と緊急時の PR

マーケティング PR	コーポレート PR
平常時	平常時
緊急時（危機管理広報）	

マーケティング PR には、マーケティングとの整合性が必要なため、第10章で、マーケティングの簡単な解説をしている。

⑶ レピュテーションマネジメントとブランドマネジメント

PR は企業等活動マネジメントとして位置づけられるものである。PR の目的によりレピュテーションマネジメントとブランドマネジメントに区別する考えが有力である。

〔図表 4 〕 レピュテーションマネジメントとブランドマネジメント

マネジメント	マネジメントの目的
レピュテーションマネジメント	企業等に対する評判の管理
ブランドマネジメント	市場でのブランドアイデンティティを確立して、優位性を確保することを目的として統合的に管理すること

3 PR と事業活動

⑴ CSR と PR

企業等の社会的責任（CSR: corporate social responsibility）が提唱されて久しいが、CSR とは、企業等が倫理的観点から事業活動を通じて、自主的に社会に貢献する責任のことである。PR と CSR は別の概念であるが、PR が社会との良好な関係を保つことを目的としている以上、企業等がその社会的責任を果たすことは、PR の中核に位置づけられる。

さらに、CSR に対して誠実に取り組むことで、企業等の評判やイメージの向上につながることも考えられる。

⑵　CSV と PR

　また、CSV（Creating shared value〔共通価値の創造〕）という概念もよく取り上げられる。これは著名な米国の経営学者であるマイケルポーター氏が提唱した、企業等とその関係者の間で共通の価値を創造することを表す用語であり、社会価値と経済価値の両方を創造する点に主眼が置かれている[2]。

　CSV への取組みとしては、ネスレが、コーヒー農家に対して、農法に関するアドバイスや銀行融資、苗木、農薬、肥料などの資源確保などの農家へのサポートにより、コーヒー農家の所得が増加しただけでなく、コーヒーの品質向上や安定的供給を実現した取組みなどが知られている。

⑶　持続可能な開発目標（SDGs）と PR

　2015年の国連サミットで「持続可能な開発のための2030アジェンダ」が採択された。これは、2030年までに持続可能でよりよい世界を目指す国際目標である。17のゴール・169のターゲットから構成される。

　これを受けて、政府は2016年 5 月に「SDGs 推進本部」を設置し、2019年12月に「SDGs 実施指針」を決定した。

　企業等にとって、社会との関係を継続的に良好に保つ PR は「社会課題の解決」を目標とする SDGs そのものであり、他方、企業等が SDGs に取り組むことで、企業に対する良いイメージが醸成され、また、SDGs の目標達成を支援するような商品・サービスの開発をすることなどで収益を上げることは PR そのものである。

　SDGs の取組事案は、外務省の「JAPAN SDGs Action Platform」[3]に多数

2　Porter, M. and M.Kramer, 2011, "Creating Shared Value: Redefining Capitalism and the Role of the Corporation in Society", Harvard Business Review, January and February 2011.

3　〈https://www.mofa.go.jp/mofaj/gaiko/oda/sdgs/index.html〉

〔図表5〕 SDGs の17のゴール

1．貧困をなくそう

2．飢餓をゼロに

3．すべての人に健康と福祉を

4．質の高い教育をみんなに

5．ジェンダー平等を実現しよう

6．安全な水とトイレを世界中に

7．エネルギーをみんなに そしてクリーンに

8．働きがいも経済成長も

9．産業と技術革新の基盤をつくろう

10．人や国の不平等をなくそう

11．住み続けられるまちづくりを

12．つくる責任 つかう責任

13．気候変動に具体的な対策を

14．海の豊かさを守ろう

15．陸の豊かさも守ろう

16．平和と公正をすべての人に

17．パートナーシップで目標を達成しよう

〔注〕 SDGs ロゴおよびアイコンの使用については国連の許可取得済み。
SDGs については、〈https://www.un.org/sustainabledevelopment/〉参照。
本書の内容は国連に承認されたものではなく、また、国連やその関係当局、加盟国の見解を
反映したものでもない。

の企業が掲載されているほか、ウガンダとカンボジアで手洗いを基本とする衛生の向上のための取組みを推進したこと等の取組みから第 1 回ジャパンSDGs アワード SDGs 副本部長（外務大臣）賞を取得したサラヤ株式会社などが知られている。

(4)　事業継続計画（BCP）と PR

　事業継続が不可能となる場面（リスク）を事前に想定・分析し、事業継続に必要な最低限の業務や復旧時間、対応策を定めたものを、事業継続計画（BCP：Business Continuity Plan）と呼ぶ。

　企業等には、事業継続に重大な支障が生じる場合がある。このような事態を想定して、どのようにすれば事業を継続させることができるかを検討し、総合的な対策として立案する企業等が増えている。

　BCP において、ステークホルダーと良好な関係を築くことが重要事項である以上、PR と BCP との関係は密接である。

　中小企業庁は、「中小企業等 BCP 策定運用指針」をインターネット上に公開している。これは、災害時の対策に限定されてはいるが、BCP は災害対策マニュアルではなく、目的を事業存続に置いたマネジメントであるので、この点に注意は必要である。

4　危機管理広報

(1)　危機管理広報とは

　企業等や団体が不祥事を起こしてしまったとき等に、企業等やブランドに対するダメージを最小限にとどめるために行う緊急時の広報対応については、「危機管理広報」と呼ばれている。

　危機管理広報は緊急時を対象としたコーポレート PR に位置づけられてい

る。

　危機管理広報の予定する危機には、企業等にとってリスクとなるさまざまな事象（インシデント）が含まれる。この点、発生する前の危機「リスク」と発生した後の危機「クライシス」に分けて、リスクマネジメントとクライシスマネジメントを区別する場合もあるが、リスクマネジメントには、リスクが顕在化したときの対応も含まれるので、両者の区別は相対的といえる。

　危機管理広報は、リスクマネジメントとの整合性が必要であるため、第9章において簡単にリスクマネジメントを解説している。

(2)　危機管理広報の法的義務

　特に、危機管理広報は、法的義務やその失敗によっては多額の損害賠償義務を引き起こすこともあり、特に弁護士に求められる役割が大きい。

　PR活動の中でも、一定の情報の開示が義務付けられている場合がある。金融商品取引法は法律により一定の情報の開示を義務付けており、証券取引所の上場規程は業界ルールとして開示を義務付けている。

　また、明確な根拠規定がなくても、開示を怠ることで会社に重大な損害をもたらすような場合にもかかわらず開示しない場合は、取締役の善管注意義務としての事実の公表義務違反が認められることがある（参考：大阪高判平成19年1月18日判例時報1973号135頁〔ダスキン大肉まん事件〕）。この事案では、企業等は直ちにその販売を中止し在庫を廃棄するとともに、その事実を消費者に公表するなどして販売済みの商品の回収に努めるべき社会的な責任があったといえる。これを怠った結果、厳しい社会的な非難を受けるとともに消費者の信用を失い、法的責任にも問われることになった。

事例から 1　ダスキン大肉まん事件

　ダスキン事件大肉まん事件とは、2000年10月から12月にかけて、ダスキンが運営するミスタードーナツで販売されていた肉まんに国内で無認可の添加物が使われていたことを知りながら公表しなかったことに対して、大きな社会的非難と多額の損害が発生した事件です。株主から当時の取締役等に対して責任を追及する訴訟が提起され、話題になりました。

　私が、ダスキン大肉まん事件で、株主の代理人として弁護団に参加したのは、今となってはずいぶん前のことになりました。

　事件は、論点が多岐にわたっており、公表義務については特に激しく争われました。今では、不祥事があった場合に事実を隠蔽することは愚であるというのは半ば常識となっていますが、当時は自ら不利益な事実を公表するべきでない、会社のために事実を公表しなかったのだから責められるべきではないという考えが強かったのです。

　大阪高等裁判所は、フードサービス事業部門の責任者である元取締役に対して、直ちに事態の深刻性を認識し、速やかに危機管理体制の正常な発動を促すべく、稟議規定に従い役員協議会に対する報告を行い、社会問題化や企業責任の追及が懸念されることから、「危機管理行動チェックリスト」に従い全社緊急対策本部の設置を提言するなどし、さらにはTBHQ（t-ブチルヒドロキノン）混入の大肉まんの販売中止回収、関係当局への通報、事実の公表、購入者に対する注意喚起、情報提供等の措置をとるなど、社の信用失墜の防止と消費者の信頼回復のために努力すべき善管注意義務があったものというべきである、という踏み込んだ判断をしました。

　当時は、高額の役員賠償ばかりが話題になっており、この高裁判決のコンプライアンスへの企業の責任について指摘した意見はあまりありませんでした。現在、この判決が、企業の危機管理として、PRの現場でも参考にされるようになったことは感慨深いものがあります。

（弁護士　壇　　俊光）

コラム1　PR実務研究会

　本書は、PR実務研究会における約1年間の成果をまとめたものですが、私は大阪弁護士会の会派の一つである法友倶楽部主催の研修会「賢いメディア戦略教えます」にかかわったことをきっかけに、この研究会に参加することになりました。正直に申し上げれば、当時の私は、PR（ピーアール）とアピールとの区別もついていませんでした。

　上記研修会では、STAP細胞をめぐる事件を担当して記者会見経験が豊富な弁護士に基調講演第一部をお願いしました。多数の記者からぶら下がり取材を受ける状況での対応などの話は、実体験に裏づけられた示唆に富んだもので、大変好評でした。

　その後、研修会では、メディア戦略として、現役記者3名に登壇いただき、記者の目からみた弁護士のメディア対応についてのパネルディスカッションを行いました。記者からは「特ダネ」を狙う一方、何よりも「特オチ」を恐れていること、記者仲間から「特オチ君」と呼ばれる恐怖等が語られました。

　この2014年に実施された研修が、PR実務研究会がつくられるきっかけとなり、その縁もあって、私も執筆者の一人として参加しています。

　本書の私以外の執筆陣は、皆さんそれぞれが記者会見の経験をもっています。経験がないのは私一人だけですが、そんな私の視点からみても、本書がわかりやすいものとなるように努力したつもりです。

（弁護士　田中　章弘）

第2章

危機管理広報

1　企業等における危機管理

(1)　危機管理の重要性

　企業等活動において、不祥事や事件・事故等の企業等に生じる「危機」を適切に防止し、さらに、万が一「危機」が生じた場合にその損害の拡大を防止すること（危機管理）は重要で、企業等が長期にわたり存続していくうえでの基本的なスキルであるとされる。

　企業等経営において、事故や不祥事を見過ごしたり隠蔽したりした場合に、後日それが顕在化すると、企業等が存亡の危機に立たされることがしばしばあり、さらには社会経済へ深刻な影響を及ぼすこともある。

　これらは、CSR で論じられることが多いが、PR のコンテクストでも問題になる。いくつか例を挙げる。

①　2000年に発生した雪印乳業が製造した低脂肪乳による大規模集団食中毒事件においては、企業等の対応遅れや原因調査の不正確さ、そして過去に同様の食中毒事故を発生させていた事実が発覚したこと等に対し社会からの批判が集中して信用失墜を招き、その後発生した BSE（牛海綿状脳症）感染牛問題が追い打ちをかけたことで、グループ解体・再編という結果に陥った。

②　米国では、2001年に米国のエンロン等による巨額の不正会計が発覚し、この事件がいわゆる SOX 法（上場企業等会計改革及び投資家保護法）制定の契機となった。

③　2008年には米国内の不動産バブル崩壊によるサブプライムローン危機の影響でリーマンブラザーズが経営破綻し、これが世界同時株安と世界景気の長期低迷という事態につながった。

⑵ 危機管理の区分

企業等における危機管理は、次のような段階に区分されるのが一般的である。

① 危機予測

国内外の法規制、他社の事件・事故、報道や世論の論調等についての変化をモニタリングし、自社への影響を分析してダメージを予測する。

② 危機の分析と評価

モニタリングによって発生することが予測される危機事象（リスク）についての対応方針を検討・決定し、対応のための組織体制をつくり上げる。リスク発生に備え、危機管理マニュアルやBCP（事業継続計画）をまとめ、社内で共有化する。

③ 被害軽減

不祥事や事件・事故等のリスクが顕在化した際に、被害者、取引先、株主、監督官庁、消費者などのステークホルダーに対し、迅速かつ正確な情報発信を行う。この場合、法的な観点だけでなく、社会経済や世論の動向等も見据えた広報的な視点が重要となる。

④ 再発防止・信頼回復

不祥事や事件・事故が発生した後に内部統制を再構築し、再発防止策や改善策をとりまとめて実行するとともに、これをステークホルダーやメディアへ伝える。

2　平時からの危機管理

⑴　危機管理の体制づくり

企業等において、不祥事や事件・事故等の発生を未然に防止するためには、

組織内における体制構築が重要となる。しかし、事件や事故は偶発的なものが多く、不祥事は事態が発覚しないよう工作が図られるため発覚までに時間がかかることが多い。これらの危機の発生を防止する組織体制を整備するとともに、危機を発見した場合に迅速かつ適切に対応するため、近時は、常設の専門部署（危機管理委員会等）を設ける企業等が増えている。

常設の専門部署を設けることにより、①事故や不祥事等へ組織的・包括的かつ迅速に対応することができる、②いわゆる PDCA サイクルに基づいて企業等活動の中の潜在的リスクを洗い出すことができる、③部署間での情報共有を図ることができる、④組織全体の危機管理意識の向上を図ることができる、といったメリットがある。

(2)　危機管理委員会

常設の専門部署として危機管理委員会を設置する場合、委員長、副委員長、事務局、委員で構成されることが多い。

危機管理が全社的なマネジメントで行われる以上、危機管理委員会の委員長は、経営判断に関与できる立場の者（社長・副社長クラスまたは危機管理担当役員）が務めるべきである。

事務局は、危機管理専門部署もしくは総務、広報担当、経営企画部署等が担当することが多く、委員は、企業等内の各部門（広報、総務、法務、人事、事業部門等）の代表者で構成する。また、内勤者だけでなく、営業部門等からも選出することが望ましい。また、危機管理委員会は、弁護士等の専門家との連携がとれている必要がある。

(3)　リスクの洗い出しと評価

危機管理に関する PDCA サイクルにおいては、リスクを洗い出すことが最も重要である。そこで、自社に生じうるリスクを特定し、それを分類して評価する作業が重要となるが、リスクはさまざまで、また、事業内容やス

テークホルダーの種類などによっても異なるため、自社の事業内容を正確に理解したうえで、適切なリスク特定を行う必要がある。

〔図表6〕　リスクの例

リスクの種類	具体的な事象
事故・災害	火災、洪水、交通事故、大規模感染症、ネット炎上
社会・政治	戦争、貿易制限、法律の制定・廃止
経済変動	急激なインフレ、為替相場の変動
法務	訴訟、独占禁止法違反による処分、機密漏えい
財務	投機の失敗、取引先の倒産
労務	スキャンダルの発生、ストライキ、パワハラ、セクハラ

⑷　各種資料の作成とトレーニング

㋐　危機管理マニュアル

　事故や不祥事が発生した場合に迅速かつ的確な対応を行うため、危機発生の際の心構えや、具体的な対応方針について定めた「危機管理マニュアル」を作成し、配布しておくことが有効であるとされている。

　危機管理マニュアルに記載すべき事項は、概ね以下のような内容である。

① リスク・マネジメント

  ・潜在するリスク要因・リスクの内容とそれらがクライシスへ発展した場合の影響

  ・管理態勢と役割分担

② クライシス対応

  ・対策本部の役割とメンバー

  ・クライシスのレベル別判断、対応ガイドライン

  ・初期対応の注意点

  ・情報収集体制

・コミュニケーション／情報開示計画の立案と実施

・ステークホルダー対応（被害者、官公庁等）

③ ケーススタディ

・当該企業等や他社の過去事例をまとめたもの

マニュアルは PDCA サイクルに従って、改善されなければならない。マニュアルの見直し作業を怠ってしまうと、内容が陳腐化するだけでなく、危機管理マニュアルの存在自体が形骸化してしまうおそれがある。

(イ) シミュレーション・トレーニングの実施

事件や事故・不祥事が生じた際に、担当部署が迅速に事態へ対応するためには、危機管理マニュアル等に基づいて、平時から、企業等で生じる可能性がある事態を想定した研修や訓練（トレーニング）を実施することが有効である。

社内で定期的に実施すべきトレーニングとして、以下のようなトレーニングが挙げられている。

① ディスカッション・トレーニング

事業活動で想定される事故や不祥事を、作成されたシナリオに基づいて、ディスカッション形式で討議、検討を行う。

② 緊急対策本部トレーニング

ある緊急事態が発生したことを想定し、危機管理マニュアル等に沿って緊急対策本部を発足させ、シミュレーションを行う。

③ 緊急会見トレーニング

事故や不祥事が発生したことを想定し、模擬記者会見を実施する。シナリオに基づいて、プレスリリースの作成、記者発表の原稿の作成を経て、会見時の質疑応答（Q&A）のシミュレーションを行い、その結果を踏まえて緊急会見向けのマニュアルを随時改訂する。

その他、社内誌等で社員のリスクセンスを高めることも重要である。

また、緊急時対応の企業等毎の方針を理解するためにも、これらの活動に

も、弁護士が参加しておくことが望ましい。

3　再発の防止

(1)　原因の究明

(ア)　原因究明の手段

不祥事や事件・事故が発生した場合、社会の関心はその「原因」（なぜ不祥事や事件・事故が生じたのか）に向く。そのため、原因を究明し、それを社会へ正しく伝達することは、企業等の信頼確保のうえでも重要である。

原因の究明のための手段には、①社内での調査、②行政機関による調査、③捜査機関による捜査、④第三者委員会による調査といったルートが考えられ、究明に要する時間はさまざまである。

(イ)　裁判対応

刑事事件や民事事件に発展した場合、裁判所による判断や解決が図られるまでに時間を要し、手続が続く限りマスコミや世論の目に晒されることとなるため、長期的・社会的な視点で対応することを心がける必要がある。

(ウ)　再発防止策の策定

再発防止策を企業等の内外へ公表することは、企業等の再発防止に対する決意表明を示すとともに、組織体制の改善や強化が図られることになる。

〔図表7〕　再発防止策に盛り込まれる内容

基本方針およびトップの言葉（決意表明）
具体的なルール／ガイドライン
社員教育、研修の強化と改善策
組織改編
技術的、物理的な防止策

㈔　信頼の回復

　再発防止策の公表によりクライシス対応が収束した後も、その実績を積み重ねて失われた信頼を回復するコミュニケーション活動が重要となる。

　具体的には、再発防止策を「宣言」として広告する、自社サイトへ公表する、CSR 報告書等へまとめて公表する等の措置が考えられるが、一度公開して終わりというものではなく、継続的かつ長期的な信頼回復活動が求められる。

4　第三者委員会

(1)　第三者委員会とは

㈎　第三者委員会の必要性

　企業等や組織において、不祥事（犯罪行為、法令違反、社会的非難を招くような不正・不適切な行為等）が発生した場合および発生が疑われる場合において、企業等から独立した委員のみをもって構成され、徹底した調査を実施したうえで、専門家としての知見と経験に基づいて原因を分析し、必要に応じて具体的な再発防止策等を提言するタイプの委員会をいう。

　本来、企業等の不祥事に対する調査や責任は企業等自身が負うべきものであるが、従来の経営者による調査では、調査の客観性への疑念を払拭できない。そのため、外部者を含む第三者委員会を設けて調査を行うケースが増加している。

　一般には、第三者委員会の存在理由は、

①　企業等の説明責任（利害関係のない者による説明責任の補完）

②　企業等の存続および信頼回復

③　日本独自の風土（内部統制が不十分）

と説明されることが多い。

　第三者委員会は、企業等から独立した活動であるため、第三者委員会の活動が直ちに企業等のPR活動に該当するわけではない。しかし、調査報告書の公表等を通じて第三者委員会の活動結果が企業等のPR活動に組み込まれることになる。

　このような第三者委員会には、証拠の精査、事実認定や法的知識が必要となることが多く、特に弁護士の参加が期待されている。

(イ)　日弁連ガイドライン

　日本弁護士連合会は、2010年7月に「企業等不祥事における第三者委員会ガイドライン」を策定している（2010年12月改訂。以下、「日弁連ガイドライン」という）[1]。

〔図表8〕　第三者委員会の手続の流れ

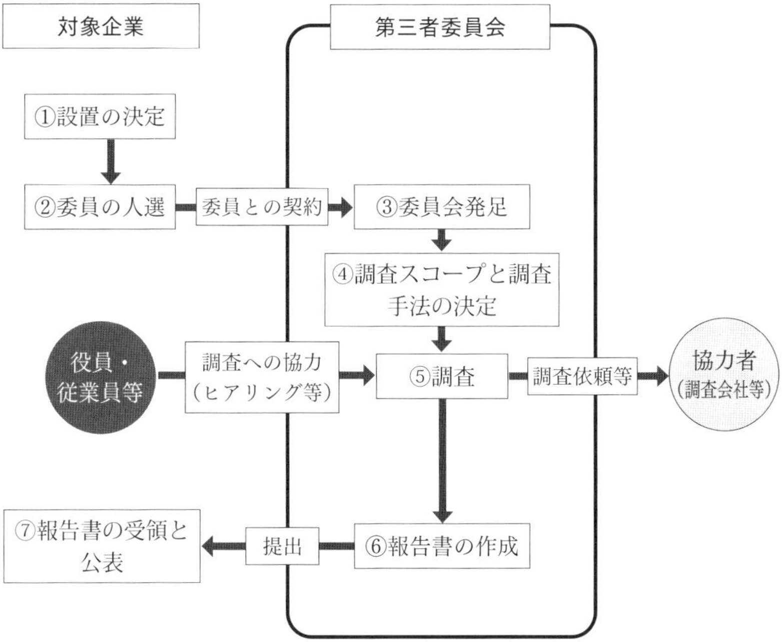

1　〈https://www.nichibenren.or.jp/document/opinion/year/2010/100715_2.html〉

これは、ベストプラクティスを定めたものであり、弁護士の業務を拘束するものではない。

このガイドラインは、網羅的・体系的になっているとは言い難いが、弁護士の活動の指針として参考にすべき点が多く含まれている。

(ウ)　第三者委員会の設置

(A)　設置の決定

第三者委員会は、会社の意思によって設置が決定されるが、コーポレートガバナンスの観点からは、監査役および社外取締役がイニシアチブをとることが望ましい。

(B)　第三者委員会の委員の人選

日弁連ガイドラインでは、委員となる弁護士は「法令の素養があり、内部統制、コンプライアンス、ガバナンス等、企業等組織論に精通したものでなければならない」とされており、委員数は3名以上を原則とするとされている。

また、日弁連ガイドラインでは、企業等と利害関係を有する者は委員に就任することはできないとされており、顧問弁護士等がこれに該当するとされている。同様に企業等のインハウスローヤーが委員に就任することも問題があると思われる。

さらに、日弁連ガイドラインでは、委員とは別に調査担当弁護士を選任できることが示されている。調査担当弁護士は「法曹の基本能力である事情聴取能力、証拠評価能力、事実認定能力等を十分に備えたものでなければならない」とされている。

(C)　第三者委員と企業等との合意

(a)　調査スコープ

第三者委員会は、企業等と協議のうえ、調査対象となる事実の範囲（調査スコープ）を決定する。原則として網羅性、つまり当該不祥事の原因だけでなくその背景事情の検証や同種事案の有無の調査、企業等風土など幅広い調

査が望ましいとされるが、第三者委員会の人的リソースや時間的制約もある。

　日弁連ガイドラインでは、「調査スコープは第三者委員会設置の目的を達成するために必要十分なものでなければならない」とされている。

　活動範囲（委託範囲）の決定は組織の活動の前提であり、重要である。

　調査スコープは企業との合意によって定められるが、不祥事に関する第三者委員会では、設置目的との関連性から以下の事項が含まれることが多い。

〔図表9〕　第三者委員会の調査スコープ

事実の調査・認定・評価
原因究明
再発防止策等の提言
責任の認定

　　(b)　調査手法

　第三者委員会は、企業等と協議のうえで、調査手法を決定する。第三者委員会の調査には強制力がないため、企業等とのコミュニケーションが不可欠である。

　　(c)　契　約

　委員と企業等との契約は、基本的には企業等と委員の個別契約による。

　調査補助者（アソシエイト弁護士やフォレンジック企業等）との契約は、各委員から委託契約を締結する場合が多い。

　日弁連ガイドラインでは、委員の報酬はタイムチャージが原則とされている。合計1億～1億2000万円程度であるとする文献[2]があるが、実際は、事案によってさまざまである。

　　(d)　文書化

2　木曽裕『企業不祥事　事後対応の手引き——社内調査・マスコミ対応・第三者委員会』104頁（経済法令研究会、2016年）。

　日弁連ガイドラインでは、第三者委員会は、企業等との間で確認文書を取り交わすことが示されているように、企業等との合意内容は明確に文書化することが望ましい。

⑴　第三者委員会の活動

　日弁連ガイドラインでは、第三者委員会の活動について、①不祥事に関連する事実の調査、認定、評価、②説明責任、③提言から解説しているが、具体的な活動内容は示されていない。

　以下に、一般的な流れに沿って説明する。

(A)　キックオフミーティング

調査スコープ、調査手法およびスケジュールの確認等が行われる。

(B)　調査手続

調査の前提として、企業等の協力を取り付けることが必要である。

　日弁連ガイドラインでは、企業等に対する要求事項として、次のことが定められている。

①　企業等が、第三者委員会に対して、企業等が所有するあらゆる資料、情報、社員へのアクセスを保障すること。

②　企業等が、従業員等に対して、第三者委員会による調査に対する優先的な協力を業務として命令すること。

③　企業等は、第三者委員会の求めがある場合には、第三者委員会の調査を補助するために適切な人数の従業員等による事務局を設置すること。
　当該事務局は第三者委員会に直属するものとし、事務局担当者と企業等の間で、厳格な情報隔壁を設けること。

　そして、企業等による十分な協力が得られない場合等には、第三者委員会はその状況を調査報告書等に記載することができるとされている。

　次に、第三者委員会は、企業等から提出された資料のほか、関係者に対するヒアリングや、書証の検証、場合によっては、第三者委員会へのホットラインの設置等を通じて資料を収集する。

日弁連ガイドラインでは、資料の処分権は第三者委員会が専有するとされており、情報漏えいの防止を徹底する必要がある。

(C)　調査報告書の提出

調査内容については、調査のスコープに対応する形で調査報告書を作成する。

日弁連ガイドラインでは、調査報告書の起案権は第三者委員会に専属し、調査により判明した事実とその評価は、企業等に不利となる場合であっても記載すること、調査報告書の提出前に、その全部または一部を企業等に開示しないことが示されている。

もっとも、調査報告書については、最終の調査報告書の前に、確定した事実および評価について中間報告書を先行させる場合もある。

日弁連ガイドラインでは、企業等は、第三者委員会から提出された調査報告書を、原則として、遅滞なく、不祥事に関係するステークホルダーに対して開示することとされており、そのため、関係者の実名等が記載されている報告書においては、別途、一定の実名等を伏せたもの（公表版）を作成することもある。

(D)　記者会見

第三者委員会の調査対象が、社会の強い関心事である場合は、第三者委員会による記者会見が実施されることもある。

もっとも、第三者委員会が記者会見を行うかどうかについては議論の余地が多い。

第3章

緊急時の広報(1)
——緊急記者会見

1　緊急時の取材対応

(1)　初動対応の重要性

　不祥事や事件・事故等が発生した場合には、理論的には事前に作成された「危機管理マニュアル」に則って迅速に対応すればよいことになる。しかし、危機管理マニュアルに記載されたとおりになるとは限らないことから、ケースバイケースな判断が必須である。

　危機管理広報で最も重要なことは、発生事案の事実関係および対応方針についてできるだけ早く広報することである。事実関係の把握に時間を要する場合には、調査状況についてだけでも第一報を発することが望ましい。危機管理広報の対応が遅れれば、消極的な企業等姿勢を追及されることにもなりかねないからである。

　また、トップの意思決定に基づく広報を迅速に行い、対外窓口を一本化することで、事案発生の現場レベルで取材対応に窮する事態を防止する効果も期待できる。

　取材する記者は、「特ダネ」を狙い、「特オチ」（他社が報道する事実を自分だけ知らないこと）を恐れている。要するに情報の価値が高いので記者は取材をするのである。危機管理広報を早急にかつ適切に実施することにより、記者による取材合戦を抑えることができる点も非常に大きな意義がある。

　迅速かつ適切な危機管理広報の実施により、マスコミによる個別取材が殺到する事態を防止解消することができ、必要な事実関係の調査や原因の究明に注力することができる。

(2)　緊急記者会見の必要性

　緊急記者会見については、事案の内容や社会的関心度に応じて、個別取材対応で済ませることができるか、一斉公表をすべきかあるいは緊急記者会見

の開催の必要があるのかを検討することになる。記者会見を実施するか悩ましい場合が多いが、記者会見をするべき場合に判断を先送りにして、傷口を広げないことも重要である。

　一般的には、〔図表10〕のような場合には、緊急記者会見を実施すべき場合が多いとされている。

〔図表10〕　緊急記者会見が必要となる場合

①	謝罪を要する場合
②	消費者にかかわる場合（特に、被害拡大が予測されるような場合）
③	すでにマスコミが殺到し、あるいはネット上で炎上状態にある場合
④	週刊誌等から事前連絡を受けている場合

　なお、個別取材対応と一斉公表・緊急記者会見は組み合わせて行う場合もある。特に④のケースでは、緊急記者会見を実施するとともにウェブサイトやブログ等にも掲載することで当該記事の価値を下げることにも着目すべきであろう。

　さらに、記者会見を実施する場合には、記者レクやプレスリリース等を有効活用することにより報道機関に正しい情報と知識をもってもらうことで、すでに出回っている誤情報などの訂正を求めることができ、情報をコントロールしやすくなる。

　刑事事件に関して、依頼者を記者会見の場に出席させることは、特に否認事件の場合に記者会見での発言が公判における不利な証拠となりかねない場合があることや、依頼者の心身の負担が大きいこと等から、釈放直後には記者会見を実施しないことが多いと思われる。記者会見をマスコミから求められる場合が多いが、近時の保釈後の対応では、完全に写真撮影できない環境で依頼者を安全な場所に移動させつつ、マスコミには本人の発言を記載した書面を交付してマスコミの取材が過熱することを抑えること等で対応し、記者会見は、第1回公判期日、証拠調手続または弁論の終了後等に実施するこ

とが多いように思われる。

2　緊急記者会見の手順

(1)　開催および方針決定

(ア)　開催の決定

　緊急記者会見は実施の決定とともに、日時・場所を決定しなければならないほか、以下の内容を早期に意思決定する必要がある。

　緊急記者会見の実施にあたっては、マスコミ毎の特徴を知らずに、やみくもに情報を提供しても意味がない（害になることさえある）。記者会見の実施において情報がどのようにアウトプットされるのかを常に意識する必要がある。このことは平常時の広報と異なるところはないが、緊急時においては、情報の提供相手は必ずしも企業等にとって好意的な人とは限らない。場合によっては編集により内容が歪められる危険性もあることに留意しなければならない。

　方針決定にあたっては、十分な時間がない中で、当該事案の調査に加え、過去の同種事案を可能な限り調べて検討することになる。危機管理マニュアルに則って直ちに組織体制を整えることが重要である。

(イ)　方針の決定

　緊急記者会見を実施することにより獲得すべき目標を設定し、明確化する。

　たとえば、被害拡大を防止するための情報提供、誤情報の訂正、謝罪と調査徹底の意向表明などを獲得目標とすることで、伝えるべき情報を整理し、質疑応答を含めた一貫した対応が可能となる。

　危機管理広報で最も重要なことはできるだけ早く広報することにあるが、記者会見で何を伝えるのかという記者会見の目的を明確にすることや、どの点についてどの程度明らかにするかという点も重要である。これらは、主に

刑事弁護の分野で、獲得目標や防御ラインと称されることがあるが[1]、記者会見においても獲得目標や防御ラインの設定が明確でなければ、記者会見は散漫になり、必ずしも好意的とは限らない記者からの追及に対して説明に窮することになる。

そして、しどろもどろの回答は、誠実ではないという印象を与え、記者からも、一般市民からも信頼を得るところがないばかりか、むしろ不信感・不安感を生じさせてしまうことになりかねない。

獲得目標や防御ラインの設定等は、弁護士は事件処理の過程で、比較的意識することが多いが、意外に企業等が日頃意識することは少ない。緊急記者会見は弁護士が事前からかかわることが望ましい。

(ウ) 出席者の選定

早期に開催する緊急記者会見では、企業等のトップを記者会見に出席させるかどうかについて、特に慎重な検討を要することになる。

企業等のトップが記者会見で対応することは、誠実な印象を与える可能性がある。他方、マスコミの取材が過熱している場合、発生事案の全容が明らかでないのに企業等のトップの責任追及だけが先行してしまう場合がある。このとき、企業等のトップが記者会見に出席していれば、その責任に言及せざるを得ないことになりかねず、後日の対応に窮することにもなりかねない。

そこで、不祥事事案では、発生事案の全容が明らかになるまでは、企業等のトップではなく、担当役員または部長と広報担当者が記者会見に出席するケースがある。ただし、発生事案に企業等のトップが関与している場合またはそのことが強く疑われている場合や被害結果が重大な場合には、企業等のトップが前面に出なければ、発生事案に対する消極的な企業等姿勢を問われる可能性もあるので、何が最善かはケースバイケースである。企業等の判断

---

1 ダイヤモンドルール研究会ワーキンググループ編著『実践！ 刑事証人尋問技術——事例から学ぶ尋問のダイヤモンドルール（DVD付）〔GENJIN刑事弁護シリーズ⑾〕』（現代人文社、2009年）。

が重要である。

　また、事案によってはインターネット媒体で会見の情報を発信することも検討するべきである。インターネットメディアは、平常時の PR 活動のツールと考えられがちであるが、緊急時の PR 活動に用いることもできる。たとえば、緊急時のさまざまな告知や公表について自社ウェブサイトや Twitter 等の SNS を用いて行うこともあるし、YouTube ライブ等のインターネットによるライブ映像の配信で記者会見の状況を送信することで、マスコミが編集した情報ではなく、視聴者にリアルな情報を届けることができる。

(エ)　日時・場所の決定

　被害拡大を防止するための情報提供のために行う記者会見は、一刻も早く実施する必要があるが、その他の場合には以下の点に留意して決定すべきである。

(A)　日　程

　まず、週初め・週末にバッティングするイベントを確認する。注目を集めるイベントとバッティングすれば記事の扱いは相対的に小さくなる。特にイベントがないような場合には、記者は記事を書くためのネタを探しにやってくるだろうから避ける必要がある。要するにあまり記事に載せてほしくない場合には、平常時の広報と逆をいくことになる。ただ、やり過ぎは、それ自体が批判の理由になるので注意が必要である。

　また、すでにバッシングが大きくなっており、謝罪会見の実施をむしろ大きく取り上げてもらうことで非難の程度を抑えたい場合には、もちろん平常時の広報と同様に、より多くのマスコミになるべく大きく取り上げてもらいやすい日時を決定することになる。

　いずれにしても、緊急記者会見は開催までの時間の余裕がないことが多く、現実的な判断が必要である。

(B)　開始時間

　記者会見の開始時間は、新聞記事の原稿締切時間やテレビのニュース番組

の放送時間から逆算して決定することになる。記事の編集時間等を考慮すれば、夕刊は正午頃まで、朝刊は午後5時頃までが目安といわれている。記者会見を実施できる時間の範囲内で、記者会見の場所を適切に決定すべきである。

　なお、記者クラブでは、参加できる記者の範囲について取決めがあるため、事前に確認が必要である。

　また、インターネットにおける生配信を広報の中心に据えるのであれば、あえて、視聴数が増える午後8時以降に会見を開始することも考えられる。

(C)　会　場

　独自会場で実施するか記者クラブで実施するかは、記事の締切時間等を踏まえて決定することになる。

　独自会場を設定する場合、緊急記者会見では企業等がその時点で把握できている情報が限定されていることから回答できる内容も限られており、長時間質問にさらされ続けることは意味がなく、リスクしかない。この点で、社内で行うよりも貸会議室等の社外で行うほうが記者会見時間の枠を設定しやすい点でメリットがある。また、弁護士が関与する場合には、弁護士会館の利用も候補に挙げることができる。

　緊急記者会見の場所は、テレビカメラが入る場合には、十分なカメラスペースを確保できる広さが必要である。一般的には室内の最も後方にカメラスペースを設けることが多い。テレビカメラのための音声の確保をどうするかも問題である。スチール撮影を許可する場合にはカメラマンの撮影場所も必要で一般的には記者席の前に設けられる。配信等のインターネットを通じて行う場合は、回線が十分な通信速度を有するかも事前に確認が必要である。

　撮影場所は、撮影角度などでどうしても有利不利があり、公平に抽選で決めることもある。

　また、緊急記者会見の際あるいは終了後に出席者の周囲を記者が取り囲んでしまい、司会進行を妨げられることがないように、関係者の出入口とメ

33

ディアの出入口を分けることができる場所を選定すべきである。

㈹　取材可能な媒体・記者の範囲

　緊急記者会見の実施にあたり、取材可能な媒体や記者の範囲を決定しておくことも重要である。記者会見場の広さを決めるために必要なほか、今ではインターネットサービス事業者を入れればマスコミの編集なしに情報を伝えることもできるため、このような媒体を積極的に活用する場合もある。

　また、大衆紙を入れるべきか情報に精通した専門紙に限定するべきかという視点は、適切な情報を広報するうえで必須といえる。

　記者会見によっては、1社1クルーに入場を制限することも必要である。

㈻　弁護士の記者会見への同席

　緊急記者会見を実施する場合には、その時点で把握できている情報が限定されていることも多い。このため、時系列に基づく単純な事実説明を超えて、詳細な事情説明や法律に関する説明を要する場合には、一般的に弁護士が同席するほうがよい。場合によっては記者会見の前の事前レクチャーを弁護士が行うことも考えられる。

　一般的には、質問の際の司会役を弁護士が務めたケースでは、記者会見終了時に記者が強く反発しない傾向がある。

　弁護士に緊急記者会見への出席を求める場合には、事案発生の当初から関与させるべきである。後述の想定問答集の作成には弁護士の助言が有益であろうし、法的観点から助言を受けることができることはもちろん、記者から厳しい質問が予想される緊急記者会見の質疑応答は弁護士の証人尋問（特に反対尋問）と似通ったところが多く、その技術および経験が非常に役立つこともある。さらに、危機管理マニュアル作成時から弁護士を関与させ、緊急時に弁護士が迅速かつ適切に対応することができるように協力体制を整えておくことが望ましい。

　特に不祥事に関する記者会見の場では、感情的な質問が多くなったり、企業等のトップの責任追及ばかり先行してしまうことがある。また、企業等の

広報担当者はマスコミの発言に流されてしまうことがあるが、そのような場合は、弁護士が発言を引き取って冷静な質問へと誘導することも大事である。

ただ、マスコミが記者会見で希望するのは、弁護士からの説明ではなく、企業等の生の発言である。記者会見によっては、弁護士の独演会となっている事案も見受けられるが、けっして望ましいものではない。

記者には記事を書く時間も必要であり、一般的にはマスコミは記事が書ける程度の情報を得られれば、適切に質疑応答を終えることができる。

また、記者会見後には、記者が個別に質問を求める場合があるが、これに応じるかはケースバイケースである。誠実に対応することも必要であるが、あまりに多くの記者を相手にしていては、記者会見のやり直しになりかねない。

(2) 事前準備

前項の方針決定をもとに進める記者会見の事前準備のタスクは次のとおりである。

(ア) 記者会見の通知

緊急記者会見を開催する場合には、まず関係者やマスコミに、記者会見の実施を通知することになる。緊急記者会見を開催する旨の通知を早期に発することによってマスコミの個別取材を防止することができるから、実務上の意味合いは非常に大きい。

この意味で、開催通知を発するタイミングはなるべく早いほうがよく、事案の調査に時間を要する場合には、ひとまず現状報告のみを行う緊急記者会見の開催を検討する必要がある。もっとも、マスコミ側の対応時間を確保することも忘れてはならない。緊急記者会見の開始時間から少なくとも2〜3時間は前に開催通知を済ませておかなければ、多忙を極める記者から反感を招きかねないので留意すべきである。

緊急記者会見の開催通知には、記者クラブを通じて通知する方法、ファク

シミリ等で個別に通知する方法、自社ホームページ等に掲載する方法などが考えられる。なお、記者クラブや各種マスコミへの連絡先は、『広報マスコミハンドブック』（企画・編集　公益社団法人日本パブリックリレーションズ協会）に掲載されている。

　裁判事案に関しては、司法記者クラブに通知することが多いが、迅速に開催通知を発するために、平常時において通知先リストを準備しておくことが望ましい。

　多くの媒体に通知をしなければならず、対応が煩雑になる場合は、PR会社を利用することも検討するべきである。

(イ)　資料等の用意

(A)　タイムテーブル

　記者会見が時間の制約がある以上、タイムテーブルを作成しておくことが望ましい。

　タイムテーブルの作成には、企業等側の説明に要する時間と質疑応答時間をあわせて確認しておく。

　質疑応答時間は長いと批判的な質問が多くなる傾向がある。通常は、質疑応答時間は30分程度あれば記事は書けるはずであり、30分程度を目安とすべきであろう。もちろん、重大な事件の場合に質問が殺到し30分で終わらないこともあるが、その場合は柔軟な対応が必要である。

　なお、質疑応答の時間はあらかじめ記者会見の通知の際に明記しておくと記者の理解を得やすい。

　記者会見の場では、平易な言葉を用いるべきであるが、正確性を重視して専門用語を用いるべき場合や細かな数値の説明が必要な場合には、事前取材や事前レクチャーの実施を積極的に活用すべきである。

　謝罪会見の場合には、ニュースバリューの観点から、謝罪は冒頭に行うべきである。事案の説明等の事前の説明が必要な場合は、事前レクチャーを別の者（できれば弁護士）が実施した後に、当人が入場して謝罪をするほうが

よい。当人が最初に入場して謝罪している横で、事実説明を続けると、当人は事実説明の間いつまでも頭を下げ続け、他方、マスコミも当人ばかり見て事実説明をよく聞かないことになりかねない。

(B)　出席者リスト

記者会見は、事前申込み制を採用し、出席者リストを作成して、把握しておくことが望ましい。

ブラックジャーナリストその他の類が記者会見に出席することを防ぐためである。

(C)　想定問答集

良い記者会見を行うためには、質疑応答において回答内容を統一し、あるいは回答しない（できない）範囲を明確にするうえで想定問答集を作成することが必須である。記者会見における不用意な一言で、記者会見が紛糾することは珍しくなく、事前に準備しておくことが重要である。

想定問答集を作成する過程で、問題点を洗い出しできる効果も期待できる。

もっとも、質疑応答にあたっては想定問答集の読み上げに終始してはならず、回答者の言葉で答えなければ信頼を得ることはできない。回答のばらつきを防止しつつ、臨機応変に対応できる回答の方針を明確にしておくべきである。また、場合によっては言ってはいけないことを集めたネガティブリストの作成を検討すべきである。

時間がないことが多いが、想定問答集は実際に質疑応答のリハーサルを経て、ブラッシュアップされることが望ましい。

(ウ)　報道資料（プレスリリース）・配布物の作成

記者会見の際には、マスコミに渡す資料としてプレスリリースや事実経緯を説明した資料、その他の配布物を準備するべきである。

(エ)　記者会見会場での手順

(A)　会場の設営

特段の事情がない限り、関係者の出入口とメディアの出入口は一緒にする

べきではない。出入口が通路でつながっている場合には、間に受付台を設置するなどして分断しておくべきである（後掲・会場レイアウト図参照）。

　座席は一般的にはスクール形式である。自由席か指定席かはあらかじめ決めておく必要がある。

　関係者の着座位置もあらかじめ決めておく必要がある。会場内で出席者の周囲をマスコミが取り囲むことを防ぐために、会見席と記者席の間に線引きをしておく場合もある。

　また、関係者の名前や役職がわかるようにテントカードを用意する場合もある。

(B)　照明・マイク・音声、テレビカメラの設置位置の確認

　会見席のマイクのほか、司会用マイクと会場マイクは必要である。

　一般的には、会場マイクを用いたほうが、質問の順番をよく守る傾向がある。

(C)　配付物等の確認

　事前の配布物に抜けがないかをチェックリストなどを用いて確認する。

　記者会見によっては、お土産・アンケート等を用意する場合もあるが、謝罪会見では不要である。

(D)　服装の確認

　特に決まりはないが、スーツには紺系のネクタイが無難とされている。奇をてらうことは避け、統一感をもたせることが望ましい。

　記者会見の様子が動画で報道されるような場合は、アクセサリーや時計などに予想外の批判が行かないよう、高価なブランド品を身に付けたりはしないほうが望ましい。

　もっとも、謝罪会見は、奇抜なスタイルであることで炎上することはあっても、無難な服装というだけで誠実であるということにはならないので、服装にばかりこだわるべきではない。

(E)　関係者との手順の最終確認

受付担当、案内係担当、会場担当（質疑応答時のマイクを回すなど）、警備担当が必要になる。

なお、特にテレビカメラが入る場合には設置時間が必要であるから、緊急記者会見の開始時刻の1時間前には受付担当者が現地入りして受付の準備をしておく必要がある。

(オ)　記者会見の場での対応

(A)　姿勢・態度

裁判所での尋問の場合は、横から質問して裁判官のほうを見て答えることになるが、記者会見では、視線は真っすぐが良いとされており、質問者のほうを見て答えるべきである。

手の位置は、落ち着く位置になるように事前にチェックしておくべきである。身振り手振りが多いと落ち着かない印象となるので、ハンカチやハンドタオルなどを手に握ることもある。

椅子に座る場合、椅子に浅く座るか深く座るかは諸説あるがどちらが正解というのはない。背筋が曲がっているとだらけた印象をあたえるので、背筋を伸ばして座るべきである。

(B)　話し方

普段の話のスピードよりも意識的にゆっくり話す程度でちょうどよいことが多い。

質疑応答において、聞かれていることと答えることが異なっていると、不誠実という印象を与えるため、一問一答を原則として、質問が終わったのを確認して、さらに、ワンテンポおいて回答することが望ましい。質問の意味がわからなかったときに、質問を聞き直すことも忘れがちなので注意が必要である。

記者会見の場合は、裁判所における証人尋問とは異なり、手もとに原稿や台本を置くことはできるが、ずっと目線を下に落としていると、原稿を棒読みであるという悪い印象を与えてしまう。資料は参考にする程度とし、自身

の発言内容については、きちんと答えられるように事前に準備しておくことが必要である。

　また、記者発表やプレスリリースは自身の主張を発信すればよいが、記者の質疑応答の場合は、どのような質問が飛んでくるかわからないので、予期せぬ質問をされることがある。事前に想定問答を考えておくべきである。メディアによっては過激な発言を求めて意地悪な質問をすることがあるが、それに慌てたり怒ったりしないようにするべきである。

〔図表11〕　質疑応答における NG の例

質問に対して怒ってしまう
問いでもって問いに答える
わからないことを憶測で答える（「後ほど確認して答える」と回答することが望ましい）
長時間黙り込んでしまう（「思い出しているのでちょっと待ってください」などと言うことが望ましい）
聞かれていないことまで答えてしまう

(C)　お辞儀

　謝罪会見においては、しばしば、関係者がお辞儀して謝罪することがある。

　確かに、メディアなどに謝罪している写真が掲載されることで、企業等のお詫びの態度を示すことができる。ただ、いい加減な態度でのお辞儀は逆効果であるので注意する必要がある。

　一般的には、メディアが撮影する時間を設けるために、45度のお辞儀で5秒間静止することが望ましいとされている（5秒ルール）。

　タレントなどで、土下座までした事案があるが、そこまですることに意味があるかは疑問である。

(カ)　アフターフォロー

　記者会見では、終わってからの質問のほうがむしろ重要といえる。一般に記者は、記事の見出しになるような一言を欲しがることが多い。

　また、アフターフォローを的確に実施することで、より詳細で正確な追っかけ記事につながることもあるし、理解度の高い記者と懇意にすることも将来のために有用になる。

　最近では、記者会見で足りない部分を記者会見と同時に、あるいは事後に、自社ウエブサイトに載せるケースもある。

【参考1】　架空事案における事前準備資料

〈事案〉

　A社の製品を購入した消費者Xは、A社の会員制サイト登録用にメールアドレスを作成して同会員制サイトに登録していた。

　2020年8月14日(金)、Xは、A社の会員制サイトに登録していたメールアドレスに他社からXの個人情報を含むダイレクトメールが届いたため、A社から個人情報が漏えいしているのではないかと考えて、A社カスタマーサービスに問合せをした。

　同日頃、A社には、同様の問合せが複数件寄せられた。

　同月18日(火)、A社の取締役会において担当部長から個人情報漏えいに関する問合せの状況および調査状況について説明があった。この時点で、A社から個人情報が漏えいしたことが明らかな痕跡は認められなかったものの、上記事情からその疑いが強いことやA社が取り扱う個人情報には消費者の身長・体重などの情報も含まれていることから、A社の取締役会では、危機管理マニュアルに則り速やかに対処することが決定された。そして、A社の代表取締役は、危機管理マニュアルに則し、緊急記者会見を開催することを決めた。

　緊急記者会見は、翌19日(水)午後3時に某ホテルの宴会場を借りて行うこととされた。また、その獲得目標は、消費者の皆様にご心配をお掛けしていることを謝罪することおよび徹底した事実調査を行うことを表明することまでとすることが確認され、出席者はA社の総務部長および取締役の2名とすることになった。

〈プレスリリース〉

報道関係者各位

2020年 8 月18日
A社

緊急記者会見の御連絡〜弊社顧客の情報漏えいについて

　弊社は、弊社の管理する会員制サイトに登録の顧客の情報が、漏えいしたことを確認いたしましたので、直接メディアの皆様にご説明させていただく場を設けましたので、下記のとおり御連絡いたします。

　ご参加を希望されるメディアの皆様におかれましては、ご留意事項を確認のうえ、取材の申込みを頂くようお願いいたします。

記

①　日時　2020年 8 月19日(水)　午後 3 時〜（午後 2 時開場）
②　場所　某ホテル（住所　省略）

以上

本件に関するお問い合わせ
A社総務部　担当　○○　担当××
TEL：06-0000-××××
FAX：06-0000-××××
Mail：○○@××.co.jp
（留意事項）
省略

〈会場レイアウト図〉

スクリーン	会見席	
	ICレコーダー	司会

スチール撮影用スペース

記者席

机	机	机
机	机	机
机	机	机
机	机	机
机	机	机
机	机	机
机	机	机

廊下

受付

テレビカメラ用スペース

43

〈チェックリスト〉

第1	事前準備（案内）
1	記者会見の通知
2	資料の作成
(1)	タイムテーブル
(2)	進行次第
(3)	出席者リスト
(4)	想定問答集
(5)	報道資料（プレスリリース）・配布物
3	服装の確認
(1)	スーツ・ネクタイ等が派手過ぎないか
(2)	装飾品が華美に過ぎないか
(3)	全体の統一感

第2	当日準備（会場）
1	動線の確保
(1)	出入口を分ける
(2)	会見席・記者席の分断
(3)	受付位置
2	機材設置位置の確認
(1)	マイク（会見席・司会・会場）
(2)	IC レコーダー
(3)	プロジェクター・スクリーン
(4)	テレビカメラ
(5)	照明
3	関係者との手順確認
(1)	受付担当
	・出席者リスト

	・配布物確認	
(2)	案内担当	
	・座席位置の確認	
(3)	会場担当・警備担当	
	・動線確保の確認	
4	服装の確認	

〈想定問答集〉

	質　問	回　答
1	A社が取り扱う個人情報の内容には、どのような情報が含まれているか。	氏名、住所、電話番号、メールアドレスの会員登録の際の必須項目のほか、お客様によっては身長や体重などの身体情報が含まれております。
2	消費者の身体情報が漏えいした事実はないのか。	現時点ではそのような報告はなく、現在調査中です。
3	XさんがA社の会員制サイトで利用するために作成した専用のメールアドレスが被害に遭っているとの情報があるが、A社から個人情報が漏えいしていることは間違いないのではないか。	弊社としては、そのような情報も含めて現在調査中です。
4	Xさんが嘘を付いているということか。	弊社は、お客様からのお問合せ内容を真摯に受け止めて徹底した事実調査をしたいと考えております。
5	A社が取り扱う個人情報の件数は？	重複している可能性もあるため延べ人数になるが、約100万人分の情報がございます。

6	A社の個人情報が悪用された場合、どのような被害が生じうるか。	悪徳業者からのダイレクトメールや迷惑メールが送信される可能性があるので、不審なメールについては読まないでください。
7	この問題について、A社が最初に認識したのはいつか。	2020年8月15日に、同様の情報が複数件寄せられていることを認識いたしました。
8	すでに4日が経過しているが、どうして公表までに時間がかかったのか。	流通している情報が弊社の保有している情報なのか、漏えいの経緯等を確認するのに時間をいただきました。遅すぎるというご指摘については真摯に受け止めていきたいと考えております。
9	事実調査には、どれくらい時間がかかるのか。	なにぶん、このような事態は日常的に発生するものではありませんので把握しかねますが、当社としてはできる限り速やかに調査を行いたいと考えております。
10	A社からの個人情報の漏えいが明らかになった場合の責任についてはどのようにお考えか。	今後の調査結果を踏まえて適切に判断し、結果については公表いたします。
11	仮にA社の個人情報が漏えいした場合、消費者に及びうる被害内容はどのようなものが考えられるか。	クレジットカード情報などは含まれておらず、直接財産的被害が生じることはないと考えております。もっとも、不当違法な勧誘による被害は想定されること、お客様の身体情報が公表されることによるご迷惑をお掛けしてしまうことが現在考えられます。

12	消費者に対する補償はお考えか。	今後の調査結果を踏まえて適切に判断したいと考えております。
13	身体情報が漏えいしたことによる精神的な被害についても補償されるのか。	今後の調査結果を踏まえて適切に判断したいと考えております。
14	個人情報にアクセスできる人間は、限定されているか。	社内の個人情報管理規則に従い、取扱者を限定しております。
15	内部者による持ち出しの可能性はあるのか。	現時点ではわからない状況です。わかり次第何らかの形でご報告させていただくつもりです。
16	持ち出しが可能な管理体制だったということか。	データそのものを抜き出すことはできない規則になっておりますし、抜き出した場合には痕跡が残ると聞いております。もっとも、弊社としては情報漏えいのないようにデータのアクセス権限については速やかに見直す方向です。
17	今後の記者会見の予定は？	調査終了後、速やかに実施したいと考えております。

事例から 2　近時の記者会見の舞台裏

　2020年 6 月23日に元ジャニーズ事務所所属の手越祐也氏が退所後初めての記者会見を行ったことが話題になったが、この記者会見にかかわった弁護士として記者会見の裏側を少しだけ明らかにする。

1　記者会見の獲得目標

　マスコミには、釈明会見、謝罪会見等と考えていた者も多かったようであるが、手越氏自身は、ファンに対して自分の言葉でメッセージを伝えることを強く希望していたため、ファンのロイヤルティの向上を獲得目標と設定している。

2　記者会見会場等

　ファンに対して、自分の言葉でメッセージを伝えるというのがメインである以上、編集されない YouTube を用いて直接メッセージを伝えることをメインにした。このような手法は失言等のリスクはあるが、手越氏のタレント性に賭けることにした。開催時間はインターネットでの視聴者が増加する午後 8 時にしている。それ以降になると使える会場がなくなるためである。

　短時間で、会場の手配、設営等、さまざまなリクエストに応えてくれた PR 会社の仕事ぶりはすばらしいものだった。

　記者会見会場は、三密を避けるため緩やかに席を設けたが、スチール用のカメラマンは少しでも良い場所をとりたいために、結局は密集していた。このあたりは今後の課題である。

3　シナリオ等

　手越氏が自分の言葉で話をすることが重要であったので、大まかな進行のリクエストはしたものの一切シナリオ等はつくっていない。セオリーの逆をいったわけであるが、手越氏の話の間や速さなどはさすがスターと思わせるものであった。

　質疑応答へも自分のタイミングで移行してもらうことにした。ただ、当初20分の予定を超えて35分も話したので、会場撤収時間との関係でバックヤー

ドは進行の調整で大慌てであった。

4　インターネットを使った質疑応答

　ファンに対して直接自身の言葉でメッセージを伝えるというコンセプトから、記者会見では、会場の記者に対する質疑応答だけでなく、ツイッターやYouTube のコメント欄に投稿された質問にも答えてもらうことにした。

　これは、情報処理系のシンポジウムなどでときどき用いられてきた方法ではあるが、ファンにとって、手越氏が自分を見ているというメッセージが重要と思い採用した。このような手法を記者会見で用いるのは珍しく、また、使える事案も限定されていると思われる。

　質問の選択は、手越氏の判断に委ねることにしたが、彼のセンスが光るものとなった。実際に、手越氏がネットの質問に回答を始めたタイミングからツイッターなどで、手越氏に対する応援の投稿が目立って急増している。

5　代理人弁護士の同席

　もちろん、答えにくい質問については弁護士に答えてもらうように、著名な弁護士に質疑応答に同席してもらうことにしたが、会見が弁護士メインとならないように当初から登壇しないように配慮した。同弁護士が某映画監督に似ているということが、インターネットで話題になっていたが、これは、実は、少し狙っていたことである。

（弁護士　壇　　俊光）

第4章

緊急時の広報(2)
——ネット炎上の対応

1　ネット炎上とは

(1)　緊急時対応とネット炎上

　一般に、緊急時対応を要するのは、企業等に不祥事が生じた場合や、不祥事が生じたと疑われているような場合が多いであろう。ひどいケースでは、フェイクニュース（政治目的やアクセス増加目的、対象を陥れるなどの目的で、虚偽の情報を配信すること、または、配信された偽記事）が原因で不祥事があったかのように扱われる場合もある。

　これらのような場合、近時は、インターネット上でいわゆる「炎上」が生じることが多い。何らかの「火種」がもとになって、それに関する SNS やブログなどで匿名の書込みや拡散行為などが相次ぎ、主にネットユーザーに広く知られるという経過をたどる。火種となるのはマスメディアの報道であることも多いが、あるネットユーザーの SNS への一投稿が火種となり、マスメディアに取り上げられ、さらに深刻な炎上につながっていくこともある。また、企業等が自ら手がけたキャンペーンが火種となるケースもある。

(2)　ネット炎上の背景

　炎上している話題に対して書込みをしたことのある人は1.1%、過去 1 年間に書込みをしたことのある人に絞ると0.5%程度にすぎないという調査結果もある[1]。炎上している中で述べられる意見がまるでそれが世論であるかのように感じられる場面もしばしばあるが、炎上に参加しているネットユーザーの実際の割合を踏まえ、冷静に対処することが強く望まれる。

　正義感からくる拡散行為が相当割合を占めるのが通常であるが、正義感からの行動であっても発言方法等に相当性を欠く場合もある。また、SNS で

---

[1]　田中辰雄＝山口真一『ネット炎上の研究』122頁以下（勁草書房、2016年）。

の物事の展開の速さから、むしろ全く真否の確認をせずに反射的に拡散行為に及んでいることも多い。炎上の最中には「尾ひれ」もつきがちであることから、1件の炎上の中でも、内容に謝罪すべき部分と否定すべき部分とが混じることが通常である。切り分けと、切り分けられた内容に応じた適切な対処が必要である。

　インターネット上で人気を集めることを目指し、ネットユーザーからとにかく注目されることを目指した記事等の投稿を繰り返す人物もいる。さらに、単に人気を集めるだけでなく、ウェブサイトに自ら貼ったバナー広告などを通じて金銭的利益を得ることを目的とする人物もいる。インターネットでは完全に匿名で書込みができるとの誤った理解も手伝って、悪質な虚偽の投稿がなされることがしばしばあることにも常に注意しておく必要がある。

⑶　ネット炎上の防止

　ネット炎上の原因が、自らした投稿やコンテンツ配信であることも多い。特にネット媒体の利用には、注意が必要である。

　特に、法規やモラルに反した情報や手法、誤った情報は極めて炎上しやすい。いつの間にか著作権を侵害したり、薬機法に違反したりするケースもある。

　また、違法でなければ炎上しないというわけではない。パクリといわれる

〔図表12〕　炎上しがちなテーマの例

国民に広く関連するテーマ	健康、食べ物、社会保障など
主義信条にかかわりがちなテーマ	人種、政治、表現行為・表現の自由、格差など
性に関するテーマ	性別（ジェンダー）、性的表現など
「不謹慎狩り」が起こりやすいテーマ	災害、戦争など
その他	アイドルなどのような熱心な支持者がいる場合

ような記事や宣伝とは気づかれないような態様で商品等の宣伝を行うステルスマーケティングも、明るみに出ると炎上の格好の材料になるので避けるべきである。

　必ずしもこれらに当たらないものや、上記〔図表12〕に掲載されていない事項であっても、炎上しがちなテーマはしばしばみられる。

　ネット上の情報は極めて広く見られることになるため、世の中がどのようなテーマをどのように受けとめているか、受けとめ方がどのように変化しているかについて、日常的によく理解しておく必要がある。また、公開する前には、意図していない受けとめ方をされ得る内容になっていないか、多角的な検討を行うべきである。

　また、炎上するリスクを十分避けるには法的な面の検討も不可欠である。定期的に弁護士に相談することが望ましいといえる。

⑷　ネット炎上への対処

　炎上が生じた場合の対処としては、一斉公表や記者会見を行うことも重要であるが、当然のことながら、インターネット上での対応も極めて重要である（マスメディアに取り上げられる前に沈静化できれば、まだ傷は浅い）。

　インターネット上の投稿やウェブページなどは、削除されない限り半永久的に閲覧され、また検索も容易である。このため、目先の沈静化を目指すことのみにとらわれず、後の検証に耐えられる姿勢・方法で対処に臨むことが特に重要である。

　また、法的な削除請求や発信者情報開示請求が必要になることもある。訴訟が必要になることも多く、海外法人を相手取る訴訟まで必要になって極めて専門的な内容となることもある。弁護士の関与が望ましいといえる。

2　ネット炎上対策の手順

(1)　火種・炎上の発生の検知、内容の把握

炎上を未然に防いだり、早期に沈静化したりするためには、早い段階で火種や炎上を検知することが重要である。

このために、自社名やブランド名を日常的にネット検索することがよく行われている。無料ツール類を活用することもよい。比較的手軽なツールとしては Google アラート、Yahoo! リアルタイム検索、Ritlweb などが挙げられるが、近時は、他にも多種多様な無料のツール類が見受けられる。

お客様窓口宛ての電話やメールに同種の批判的な連絡が相次いでいないかふだんから注意を払うことも有効であり、企業等の規模やこれまでに火種や炎上が生じてきた頻度次第では、自動検知システムや検知を行う専門サービスを利用することも有効である。

また、検知した段階で内容に関する事実関係の確認を進めておくと、後の対処を迅速化できる。小さな火種にとどまる段階でも、内容の重要性によっては事実関係の確認を進めておくのが理想である。

(2)　火種・炎上の種類の判断

火種・炎上の種類としては、大きく分けて次の三つのケースが考えられる。なお、いずれに分類されるかの判断は迅速に行うべきであるが、見方に誤りや偏りが生じることを防ぐため、複数人で検討することが望ましい。

①　企業等への批判として妥当でないことが明らかと判断できるもの
　　勘違い等が原因であることが明らかな場合や、意図的なフェイクニュースであることが明らかな場合などである。

②　企業等に非があることが明らかと判断できるもの
　　十分な証拠がある場合や、社内での聞き取りの結果などから企業等に

非があると判断できる場合がこれに該当する。

　ただし、一部に、インターネット上では完全に匿名で書込みができるとの誤った理解の下、話題づくりや企業等を陥れることを狙って証拠をねつ造するといった悪質なケースも見受けられる。証拠評価は慎重に行うべきであり、弁護士がかかわることが望ましいといえる。

③　批判が妥当か否か判断できないもの

　事実関係や証拠がはっきりしないケースの大半がここに分類されることになると思われる。なお、調査の結果、企業等への批判として妥当か否か判明した場合は、その段階で①または②に振り分けることになる。

⑶　対処方針の決定、対処

⑵の①～③に対応して対処することになる。

①　企業等への批判として妥当でないことが明らかと判断した場合

　この場合には、企業等としての主張を行うことを基本方針とするべきである。名誉毀損や業務妨害に該当する場合も多く、この場合、法的な削除請求や発信者情報開示請求を行うことや、投稿者への損害賠償請求などの法的措置も検討の必要がある。

　フェイクニュースであるような場合は、否定する内容の主張をウェブサイトなどで単発的に行うだけでなく、内容を十分に世の中に浸透させるべく、否定する内容の投稿をSNSで繰り返し行うなど、一定期間否定を続けることも検討すべきである。

　また、火種・炎上の規模や内容によっては、あえて無視するという方針も考えられる。妥当でないことが明らかな批判やフェイクニュースでも、反論等のために取り上げることで、批判やフェイクニュースの存在がより広く認識される危険があるためである。

②　企業等に非があることが明らかと判断した場合

　他方、企業等に非がある場合は、謝罪を行うことを基本方針とするべ

きである。事実確認とその結果の公表を行い、何に対して謝罪をするのかや、今後の対応や改善策についての具体的かつ明確な内容などを伴った謝罪を行う。

当然ながら、言い訳や隠ぺい行為は避けなければならない。

炎上の原因が自らした投稿等である場合、これを自ら削除できることも多い。しかし、実際に削除すると、削除したことを隠ぺい行為ととらえられて反発を招き、確保されていたスクリーンショットが何者かに別途公開されるなどして収拾がつかなくなることがある。投稿の本来の意図について説明する機会を失うことにもなりかねない。

また、炎上の原因となった他者の投稿の削除を求めるような行動に出たりすると、削除が求められたこと自体を報告する内容が公開され、やはり収拾がつかなくなることがある。

③　批判が妥当か否か判断できない場合

事実関係の確認や証拠の収集を進めていき、批判の妥当性については随時検討をする。

調査の段階や具体的内容、その過程で確認された事実関係については、早期に公表することを検討してもよい（炎上参加者が自ら勘違いに気づいたり、参加者の安心につながったりし、参加者の離脱を促す効果がある）。

3　具体的な炎上事例

ここでは具体的な近時の炎上事例を取り上げケーススタディをする。

次に取り上げるほか、企業等が自らブランドや製品などを PR しようとした結果炎上したという事例も多い。

① 育休明け男性従業員に対する対応に関する事例（2019 年 6 月）[2]

　ある会社の元社員の妻が、2019 年 6 月 1 日、夫の育休復帰直後の転勤命令を Twitter で「告発」した。元社員が育休明け 2 日後に遠方への転勤が内示された、2 歳と 0 歳の子どもは転園・入園できたばかりで新居にも引っ越したばかり、有給休暇も取得できずに夫は結局退職をした、などの内容である。

　妻は労働局などに相談して「社員の転勤命令は違法ではない」との見解をもらったことを明らかにするとともに、同社のキャッチフレーズを含めたツイートをさらに行い、夫の元勤務先が東証一部上場企業等である株式会社カネカであることを事実上明らかにした。Twitter を中心にネットでの反響は大きく、騒ぎに接した日経ビジネスの記者はこの妻を直接取材したうえで、報道した。これにより、ネット以外でも一気に認知され騒動が拡大した。

　カネカは、日経ビジネスの取材に対し「現時点では事実の有無も含めてコメントできない」と答える一方で、日経ビジネスの記事が出た 3 日、同社の社長が社内に一斉メールを出し、「SNS 上に当社に関連すると思われる書き込みが多数なされていますが、正確性に欠ける内容」としながらも「育児休業休職直後に転勤の内示を行ったということはありますが、これは育児休業休職取得に対する見せしめといったものではありません」と育休復帰直後の転勤命令があったことに言及していた。

　翌日、日経ビジネスはこのメールの文面も含め続報した。この頃には他のマスコミも報道するようになり、騒動がさらに広く一般に認知されるに至った。

2　（参照 URL）〈http://agora-web.jp/archives/2039507.html〉
　　　　　　　〈https://biz-journal.jp/2019/06/post_28469.html〉

カネカは、9日に予定していた就職活動中の学生向けイベントへの出店を辞退した。報道に接した就職活動中の学生の多くからも、志望先とすべきか疑問符がついたようである。さらに、カネカが認定を受けていた子育てサポート企業等としての厚生労働省からの認定について、自民党の一部の議員から「剥奪も検討しなくてはいけないのではないか」との意見も出たようである。

その後、元社員の妻によるツイートは削除され、SNSでの拡散は沈静化している。しかし、一連のできごとに関する（多くはカネカに批判的な）記事は一般に公開されたままで、ネットユーザーが一連の出来事を把握することは極めて容易なままである。

これらの経緯をみると、カネカ側の初動対応がまずかったこと、男性の育児参加や働き方改革などへの社会の関心が非常に高まっていた時期だったことなどが相まって、大きな炎上に至ったと考えられる。

カネカは、炎上状態になった後においても「当社社員と特定できない」との発表をしたり（さらに、前出の一斉メールの存在がこの直後に報じられてもいる）、「当社の対応に問題はない」と（仮に違法性がないとしても）社員や家庭への配慮を欠いているようにみえる発表をしたりするなどの対応に終始した。

そもそもの転勤命令がネットユーザー層から反発されやすい内容だったうえ、会社の対応がごまかしや強弁を続けているかのようにみえるものだったため、ネットユーザーの著しい反発を招いたと考えられる。

② 配膳用のトレーで裸の下半身を覆う内容の動画投稿の事例（2019年2月）[3]

　飲食店などの従業員が、店内で不適切な動画や写真を撮影するなどし、SNSなどに投稿して一般に公開するという行為が後を絶たない（アルバイト従業員が行うケースが多いため、「バイトテロ」と呼ばれたりする）。

　大手和食チェーンである株式会社大戸屋も、店内でズボンを脱ぎ、お盆で下半身を隠すなどしている複数の動画がSNSに投稿されるという、典型的なバイトテロの被害に遭った。会社は2019年2月16日に動画の存在を把握。同日中に謝罪を内容とするプレスリリースを出し、18日には、社内調査の結果とともに、撮影された店舗で行った対策や、関与した従業員3人を退職処分にし、法的措置を検討中であることなどを発表した。

　さらに、3月には原則として全店舗の営業を一日取り止め、従業員の再教育と店舗の清掃を行うことを発表、12日にこれを実施したことが話題となった。このほか、全国でのパートアルバイト従業員向けの研修会の実施、従業員から服務規程を遵守する旨の誓約書を受領することなど今後の取組みについても発表し、実施した。

　このようなバイトテロの事案では会社はほぼ完全に被害者の立場であるが、会社のイメージの低下は避けられない。会社に同情的な報道やSNSでの投稿がなされ、一定のイメージの回復が自然になされることも多いが、大戸屋はこれに任せず、原則として全店舗を休業して従業員の再教育等に充てることにし、これを発表するなどの対応策をとった。積極的かつ迅速に対応しているととらえられており、内容がわかりやすかったこともあって、このよう

3　（参考 URL）〈https://www.itmedia.co.jp/business/articles/1903/11/news051.html〉
　　〈https://www.asahi.com/articles/ASM344JHRM34ULFA01F.html〉

な対応に対する一般からの評価は高い。炎上はしたものの、比較的規模を小さくとどめられた理由と考えられる。少なくとも1日分の営業利益を失っており（1日あたりの全店での売り上げは約1億円と報道されている）、被害は甚大であるものの、置かれた状況にうまく対応して会社のイメージアップにつなげることができたと考えられる事例である。

③　自社製品であるデジタルカメラの販促用動画の事例（2020年2月）[4]

　有名な写真家がストリートスナップ写真を撮影していく場面を主な内容とする動画が、2020年2月5日、動画共有サイトで公開された。動画の中で写真を撮影するのに用いられているコンパクトデジタルカメラの販促を主目的として、富士フイルム株式会社公式のものとしてアップロードされたものである。

　動画には、写真家が写真に対する熱意や考え方を語る場面のほか、その写真家が街中で写真を次々に撮影していく多数のシーンがあった。写真撮影のシーンでは、撮影自体は屋外でなされていたものの、通行人に無断でいきなりカメラを向けていたり、撮影の際に通行人にぶつかりそうになったりもしていた。撮られたとされる写真も、人物の顔立ちや服装などが極めて鮮明に写っているものであった。

　このような撮影スタイルが、ネットユーザーによって、盗撮を推奨している、通り魔的である、肖像権無視といったとらえられ方をされ、炎上状態となった。このため、富士フイルムは公開から数時間で動画の公開を停止し、「視聴者に不快感を与える動画が掲載された」として謝罪をするに至った。

　7日には一連の騒動について著名ネットメディアが報道し、さらに広く知られるところとなった。動画の公開が停止された後も、第三者に

4　（参考URL）〈https://www.itmedia.co.jp/news/articles/2002/07/news134.html〉

よって動画共有サイトなどに転載され、誰でも閲覧できる状態が続いている。報道で初めて騒動を知ったネットユーザーにも、広く問題動画として閲覧されるに至った。なお、報道の中では、動画撮影に際して道路使用許可の申請をしていなかったことや、写真家が警察から写真内容の確認を求められ、これに応じたことも明らかとなっている。

このような写真撮影について、ひと昔前はそれが人物を少々写し込むものであったとしても、一般の反応は比較的寛容だったと思われる。しかし、近時は、無断での写真撮影が迷惑行為と強く認識され、撮影された写真が容易にアップロードされて時に拡散されることもよく知られるようになっている。無断での人物の写真撮影に対しては、以前より特に厳しい目が向けられている。時代に伴う世の中の意識の変化も炎上の要因となった事例といえる。

ところで、たまたま動画制作の主担当となった担当者が世の中の意識の変化に疎かったとしても、この動画に関しては、社内で複数人での内容確認が行われれば、公開前に十分問題に気づけたと思われる。コンテンツの公開に際しては、複数人が担当することが必要である。

④　着物のPRポスターの事例（2019年6月（炎上時））[5]

呉服店を営業する株式会社銀座いせよしが、2016年、着物の販促のためのポスターを複数制作し、公開した。その中で「ハーフの子を産みたい方に」といったキャッチコピーが書かれていた。ポスターとしての掲示のほか、公式ブログでも公開していたが、公開後目立った批判は特になかった。

しかし、公開から約3年となる2019年6月、子どもの人種等をステー

5　（参考URL）〈https://www.buzzfeed.com/jp/kotahatachi/half-kimono〉
　　　　　　　〈https://www.j-cast.com/2019/06/20360572.html〉

タスのようにとらえるものであるとか、子どもをペットや人形のように
とらえるものであり、屈辱であるといったツイートが Twitter でなされ
た。以後、これに共感したネットユーザーからポスターの転載やこれに
伴う疑問や批判を内容とする投稿が相次いでなされ、炎上状態となった。
銀座いせよしはブログ記事を削除したが、一連の騒動については著名
ネットメディアも報道するに至り、さらに広く知られるところとなった。
　また、これらのポスターは、権威あるコピーライティング関連団体で
新人賞を受賞していた。その結果、この団体や広く広告業界にまで批判
の矛先が向く結果となった。

　これは、公開してから炎上するまでにタイムラグがあった事例である。タ
イムラグが生じる理由としては、一般に、①公開された内容が広く認知され
るのに時間がかかったこと、②時代に伴う世の中の考え方の変化が新たな批
判を生んだことなどが考えられる。

　このポスターの件はその両方の要素があったといえるが、特に、ツイート
に対してこの時期に幅広く共感が巻き起こり、議論となったのは、社会の多
様性やダイバーシティに関する理解が近時特に進んできていることと無関係
ではないと思われる。過去に公開したもの（特に継続して公開しているもの）も、
時折、世の中の考え方の変化に照らして再検討することが必要といえる。

　また、同じシリーズの別のポスターには「ナンパしてくる人は減る。ナン
パしてくる人の年収は上がる」とのキャッチコピーがあった。一連のポス
ターは、着物を着ると外国人の男性や年収の高い男性から声をかけられるよ
うになるかのように伝える内容となっている。着物を着用する女性の多くに
このような目的があるかのような偏見を生むものととらえられてもやむを得
ないといえ、企業等の顧客に対する考え方にも疑問符がつきかねないもので
あった。

⑤　性的表現と容易にとらえられる内容のビール広告の事例（2017年7月）[6]

男性が出張先の飲食店（居酒屋など）で出会った若い女性と1対1で同席し、食事をするという設定のPR動画が公開された。サントリービール株式会社が新製品であるビールをPRするものである。

シリーズ名（PR動画は全国各地の設定で6種類ある）は「絶頂うまい出張」で、シリーズのどの動画でも女性がビールを飲んだ場面で興奮気味に「コックゥ〜ん！　しちゃった」と話すほか、性的な行為や表現を連想させるセリフも差し込まれていた。また、動画内の女性の食事風景がアダルトビデオを連想させるという意見もある。

動画は2017年7月6日に公開されたが、ネットユーザーからの「不快」「卑猥」「倫理観ゼロ」といった強い批判を受けた。このため、サントリーは翌7日に公開停止をした。

この事例は、女性を男性の性欲の対象として描こうという意図がみえる内容であり、制作者側も、ネット上で話題となるようあえて過激な内容にして炎上させることを狙っていたように思われる。公開停止に至ったのはもはや自業自得といえる。

PR動画の制作や確認を行う担当者の中に女性がいれば、公開前に歯止めがかかったかもしれない。ただ、ここまでの内容で一度は公開に至ったことからすると、その背景として、社内では歯止めをかけること自体が難しかった可能性がある。批判を受けて公開停止するという判断が即時にできたことは救いであるが、そもそも公開自体が避けられていれば、ブランドイメージ

6　（参考URL）〈https://toyokeizai.net/articles/-/179993〉
　　〈https://www.buzzfeed.com/jp/takumiharimaya/suntory-itadaki〉

を毀損することも全くなかったはずである。そのためには、コンテンツの公開に際しては、多様な立場の社員が担当することが必要である。

ところで、性的表現に関しては、制作者側にそのような意図がなくとも、コンテンツを見たネットユーザーが勝手に性的な意味合いに結びつけることがある（そして、そのような意味合いを紹介する内容を嬉々として投稿し、拡散させる。投稿や拡散はたいていの場合匿名で行われるため、そこにモラルや遠慮は期待できない）。表現を多面的に見て性的な意味合いにとらえられる余地が本当にないか、慎重に検討すべきである。

⑥　新米ママの育児をテーマにした動画の事例（2016年12月）[7]

> ユニ・チャーム株式会社が、2016年12月、紙おむつの販促用のための動画を公開した。生まれたばかりの子どもの世話をする母親の孤軍奮闘ぶり悲喜交々ぶりが中心に描かれたものであった。動画は2分間にわたるものであるが、そのほとんどの時間に母親が登場する一方、父親は数秒しか登場しない。動画の最後には、母親に向けるように「その時間が、いつか宝物になる」というキャッチコピーが投げかけられる。
>
> この動画に対し、母親のいわゆる「ワンオペ育児」を賞賛し、肯定的に扱うものであるという批判が後に起こり、炎上状態となった。2017年春頃には著名ネットメディアも報道するに至り、さらに広く知られるところとなった。
>
> ユニ・チャームは、批判に対し、「子育てのリアルな日常を描くことで応援につなげたいという思いがありました。けして"ワンオペ育児"を推奨するわけではありません」として、動画は削除しないという対応をした。

7　（参考 URL）〈https://nlab.itmedia.co.jp/nl/articles/1705/12/news107.html〉
　　〈https://twitter.com/moonypromotion/status/854611454875508736〉（公式動画）

　この動画が、子育てのたいへんさを描き、日々奮闘するママを応援しようという意図があるととらえることができるものであることは間違いなく、視聴者からの反応も賛否両論のようである。女性を応援しようとする意図があるととらえられる点で上述したビールの PR 動画とは全く性質が異なっているが、それでも、制作者の意図したとおりに視聴者に受けとめられず、炎上してしまったという事例といえる。

　また、当時すでに父親の育児参加に対する関心が相当高くなっており、このことも炎上の要因となったと思われる。近時はさらに議論が活発化しており、仮にこの動画が近時に公開されて話題になっていたら、より大きな炎上になっていた可能性もある。

　公開するコンテンツの制作にあたっては、このような世の中の考え方の変化にもよくよく照らして内容が検討されなければならない。また、性別は炎上しやすいテーマであり、これが強調された内容を取り扱うに際しては、視聴者にどのようにとらえられるか、意図しないとらえられ方がされる余地がないか、特に注意すべきである。

⑦　原爆の日に「何でもない日おめでとう」と投稿した事例（2015年8月）[8]

　8月9日は長崎「原爆の日」である。2015年のこの日に、ウォルト・ディズニー・ジャパン株式会社の公式 Twitter アカウントが「なんでもない日おめでとう」とツイートした。

　ツイートは午前9時に行われたが、その後の批判は強く、ディズニー・ジャパンは午後3時頃に当該ツイートを削除した。そのうえで、午後7時頃、謝罪コメントを内容とするツイートを投稿した。

　日本で強い反発を招くツイートであることは誰の目にも明らかである。

8　（参考 URL）〈https://nlab.itmedia.co.jp/nl/articles/1508/09/news016.html〉
　　　　　　〈https://twitter.com/disneyjp/status/630318868477579264〉（謝罪ツイート）

単に投稿タイミングを誤っただけととらえることもできるが、極めて不
謹慎なツイートになってしまったことは言うに及ばない。ディズニー・
ジャパンの素養まで疑われる結果となった。

　この事例のように、投稿に際しては、過去のできごとと投稿内容とが意図
しない結びつき方をする余地がないかについても気を付ける必要がある。
　また、ある歴史的なできごとが誰にとっても常識と思われても、若い世代
が知らなかったり、外国人が日本の歴史について十分知らなかったりして、
社内で意図しない結びつき方に気づけないことは十分あり得る。逆に、日本
人向けにしたつもりの投稿に外国人が接し、祖国のことと結びつけて批判す
るといった事態も考えられる。コンテンツの公開にあたっては、多様な立場
の者が関与し、リスクを可能な限り減らすことが必要である。

事例から 3　ある炎上事案

　先日、インターネットが自分に関する書込みであふれてしまったという被害者の方から相談がありました。状況を調べてみますと、ある特定のネット掲示板に、不倫などの素行を告発する内容の書込みが少なくとも数百件は確かにあるようです（なお、実際には不倫の事実はないようでした）。ほとんどの書込みが、標的の人物が被害者であると特定できる記述を伴っていました。

　一時は書込みがどんどん増える炎上状態にあったものの、相談時にはほぼ沈静化していました。沈静化を確認できたので、具体的に依頼を受け、書込みの削除を開始しました。

　掲示板側は削除には協力的に対応してくれるものの、削除の対象を1件1件アドレスで特定して依頼を出さなければなりません。削除の依頼を繰り返すことでどんどん削除されていくのですが、削除された書込みが削除からしばらくして検索サイトに出なくなると、それまで検索結果に出ていなかった書込みが新たに検索されるということも延々と繰り返されました（検索サイトは、類似する内容はできるだけ間引いて検索結果として表示する傾向があります）。根絶のめどが立たない戦いになりました。

　後に、ほぼ検索されなくなるところまで至りましたが、ここまでに約3年、削除した書込みの数は4000件弱に上っていました。まだ何か月かに一度ぐらい、当時なされた書込みが見つかることがあるため、今も都度の対応を続けています。

　ところで、削除を続けている間に、名誉毀損となる書込みをした人物が一人、判明しました。被害者の方が、書込みをした中に同僚の一人がいるのではないかと目星を付け、もしかしてと迫ったところ、白状したようです。話を聞いてみると、何件書いたか具体的には覚えていないが、1000件ぐらいは書いたのではないか、とのことでした。この人物が炎上の柱で、それにちょうちんをつけるおそらく関係者と面識のない有象無象が相当人数いて、炎上

状態に至ったと思われます。

　この人物には削除に要した費用をきっちり負担させることができました。一般的には、書込みをした人物が判明しないケースも多く、さらに、判明しても支払を受けられないケースも多いです。解決に成功した例といってよいと思います。

　ネット炎上はSNSやネット掲示板の各ユーザーの正義感によって発生することが多いのですが、炎上事案の分析や対処に実際に当たっていると、一人の人が、特定人に向けて、または多数人に向けて、唖然とするほどの量・回数の投稿行為や拡散行為をしているケースをみかけます。

　昔から勧善懲悪ものの物語は高い人気を集めます。人間には、正義を一種のエンターテインメントととらえる性質があり、このような性質がユーザーをネット炎上に参加することに駆り立てる一因であると思われます。記事の投稿や拡散行為を実際に行って、悪と認識している標的を「叩く」という行動を実際に行うと、快感を覚えることがあるようです。怖いのはこの快感に中毒性があることであり、はまってしまうと、止められなくなって毎日記事の投稿や拡散行為を繰り返し、気づいたら何千・何万もの投稿や拡散をしていた……ということになるようです。

　近時になって、誹謗中傷の依存性を指摘する言説をよくみかけるようになりました。このような認識が一般的になれば、自らあるいは治療などによって対策できるケースが増え、不当なネット炎上も減っていくかもしれません。

　先ほどの1000件ぐらいは書いたのではという人物に書込みの動機を聞いてみると、「なぜあのようなことをしたのかわからない」でした。本当のことを言っているかはわかりませんが、筆者は、不倫をするような悪者と認識した身近な相手を成敗する快感に一時的に溺れたものの、幸い何かのきっかけでこのような依存状態から脱したのではないか、と思っています。

（弁護士　安保　和幸）

コラム2 ネット時代のPR行為と弁護士に対する懲戒請求

　現代では弁護士がブログ、SNSなどを利用することが増えています。もちろん、ブログやSNSは弁護士の業務内容や個性をPRするために有用な方法ですが、ウェブに公開される情報は懲戒請求など弁護士への攻撃の起点となる諸刃の剣としての側面もあります。

　近年の大規模なものには、私が当事者としてかかわった大量懲戒請求事件があげられます。

　大量懲戒請求事件とは、平成29年5月に、インターネット上で、在日コリアンの権利をめぐる弁護士会や弁護士の発言に関し、懲戒請求を呼び掛けるブログに誘導された読者が懲戒請求を行った事案です。懲戒請求者は主に「ネトウヨ」と呼ばれる、過激な表現で排外主義などをインターネット上で発信する人々で、数件のツイートを対象として1000人の人間から懲戒請求が行われた「殺到型」といわれる新しい類型の攻撃でした。

　最初にある弁護士が懲戒請求を受け、次にその弁護士をツイッター上で擁護した弁護士が懲戒請求を受けました。私は、擁護した弁護士から依頼を受け、濫用的な懲戒請求者に対して賠償請求を行う弁護団に参加したところ、ネトウヨの次のターゲットとなりました。これは、ミイラ取りがミイラになるという状況とは少し異なるでしょうか。

　私が弁護団に参加すると、ネトウヨのリーダーであり、姿の見えないブログ主は私の実名をブログで引用して、私が在日朝鮮人に与する非国民の反日弁護士であるといった荒唐無稽な内容を定期的に投稿し続けました。

　その結果、どこの誰なのかもわからないブログを信じた数百人もの人から懲戒請求が事務所に複数回届いたのです。私は、その都度弁明書を提出しなければならず、非常に苦痛でした。

　懲戒請求者に対する損害賠償の裁判では、懲戒請求者本人のみならず相手方代理人の一部も極めて攻撃的な対応で、傍聴者も相まって身体の危険を感じるほどでした。また、200頁を超える異常に長い準備書面が提出され、そ

れに認否反論をする作業は精神的・物理的に重い負担となりました。当該法廷後には、相手方弁護士も出演して、YouTube 上で、懲戒請求された弁護士や代理人である私を話題にする動画が公開されることもありました。

　大部分の事件で相手方代理人の主張は一蹴され、私達の主張がおおむね認められた形の判決となったのですが、事件での疲労は想定を大きく越えたものでした。

　インターネットの普及は、必ずしも良い意味ではなく、弁護士の業務に大きな影響を与えています。

　現在、SNS を利用する際には、あらゆる人間がそれを目にする可能性があること、ウェブの向こう側には顔の見えない悪意が潜んでいるということには注意しています。

（弁護士　田畑　　淳）

第5章

平常時の PR 活動

1　コーポレートPR（企業等広報）

(1)　平常時のPR活動としてのコーポレートPR

　本章では、平常時のPR活動を扱う。平常時のPRとは、不祥事の発生、業務上の事故の発生、自然災害などの際に行う緊急時PR、これら経営陣が想定していなかった事件・事故が発生した場合のPRとは異なり、日常一般の業務を行う中でのPRである。すなわち、企業等が経営戦略に基づいて自発的に行うものである。

　平常時のPRとして代表的なものは、コーポレートPRである。企業等全体の評判の向上や認知拡大を目的とした広報である。

　コーポレートPRにより、企業等の知名度、信用性、信頼性が向上すれば、企業イメージやブランドイメージの構築や浸透により他社との差別化を図ることができる。それは売上の向上や新規のビジネスチャンスをもたらすこともあろうし、良好な人材を確保するためのリクルートに好影響を与えることもある。また、そのような会社で働くことで社員に自信と誇りを与える。社員のモチベーションが上がれば、社内が活性化し、帰属意識（忠誠心）や一体感も強まるだけではなく、そのような会社と取引していることが取引先企業等や協力企業等の誇りともなり、また地域の誇りともなる。

(2)　PRのマネジメントサイクル

　PR活動も、企業等のマネジメントの一環である以上、PDCAサイクルにしたがって不断にマネジメントされなければならない（〔図表13〕参照）。

　PR活動は、効果さえ現れれば良いという「結果主義」ではなく、プロセスの問題点を検証できることが重要であり、「効果測定」および「改善」が特に重要である。

〔図表13〕　PR の PDCA サイクル

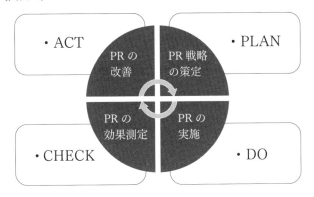

⑶　PR 活動の手順

⑺　現状の調査・分析

　コーポレート PR が企業のマネジメントの一環として行われる以上、PR 戦略を策定しなければならない。会社の長所をより広く知ってもらうことも重要であろうし、会社の弱点を改善することも必要であろう。会社の課題や問題点を発見し、それを解決・克服するために働きかけるべき対象や目的を定めることも必要である。目的や対象も定まらないままでは、何をどう伝えればよいか（PR すればよいか）を決定することはできない。まずは、現状の調査・分析（問題点の明確化）の作業を行う必要がある。

　調査分析には、マーケティングの分野で確立されたツールを PR 活動に応用して用いることが多い。

　マーケティングの基本的なツールについては、第10章で紹介しているので参照されたい。

⑷　ターゲットの選定と目的

　PR のターゲット（対象）は、一般のマーケティングのようにできるだけセグメントされたコンシューマーをターゲットにするのではなく、ステーク

75

ホルダーを広く対象とする。

　どのステークホルダーとどのようなリレーションシップを構築するかをそれぞれ検討しなければならない。

(ウ)　広報ツール

　ターゲットを選定したら、目的を達成する手法を検討することになる。この場合ターゲットに的確にリーチする「ツール」の選択と、目的を有効に実現するための「表現」が重要である。もちろん、ステークホルダーによって有効なツールは異なってくる。また、同じツールでも、ステークホルダーによって内容が異なってくるのは当然のことである。

　一般によく用いられているツールとステークホルダーとの関係は〔図表14〕のとおりである。

　CSR レポートとは、企業等の社会的責任、つまり企業等が社会の一員と

〔図表14〕　ステークホルダーと PR ツールの関係

		ステークホルダー					
		消費者	地域住民	従業員	取引先	投資家	マスコミ
ツール	CSR レポート	○	○	○	○	○	○
	年次報告書				○	○	○
	IR				○	○	
	ファクトブック					○	○
	PR 誌	○	○			○	○
	社内報			○	○		
	PR 映像	○	○			○	○
	会社案内	○	○		○	○	○
	入社案内		○				○
	プレスキット						○
	ウェブサイト	○	○	○	○	○	○

してどのような自覚をもち、社会に対してどのような関係性を有していくのか、企業等の公共性を明らかにし、メッセージとして伝えるものである。内容として、コンプライアンス、コーポレートガバナンス、リスクマネジメント、社会貢献、企業等倫理、安全品質、環境対策、労働・人権問題などが含まれている。また、近時であればSDGSの取組みなどもあろう。

　ファクトブックとは、企業等・組織の実態を各種数値データによって示す資料である。市場シェア率、業績の推移、報道実績、事業領域分野の市場性や実態に関する各種データを内容としている。

　また、インターネットを利用して、今日、多くの企業等が自社のウェブサイトを有している。CSRレポート、年次報告書、IR、ファクトブック、会社案内、PR誌、入社案内などをまとめてウェブサイトに掲載し、自社の情報を安価に総合的に発信できる。

㈜　PR効果の測定

　課題を発見し、対象と目的を決定し、内容と方法を定めて広報を行っても、成果が上がったのか上がっていないのか検証せずに終わっては、自己満足に終わってしまいかねない。もっとも、PRの成果は形に表れるものばかりではないため、測定するということそれ自体が当初から困難性を内包している。それゆえ目標となっている課題の解決そのものが測定可能なように、当初から具体性を有していなければならない。PR効果を数値化することも必要である（〔図表15〕参照）。

　もっとも、十分な検討がなく、ただノルマ的に数値目標だけが一人歩きし

〔図表15〕　数値化で用いられる指標の例

メディア別記事数比較
ウェブサイトのビュー数、ユニークユーザー数
問合せ件数
アンケート結果の特定の回答の割合

てしまうと、PR 戦略から逸脱し、無理な広報活動を行うことにもなってしまって、むしろ大きな弊害をもたらしてしまいかねないので、注意が必要である。

　また、これらの結果を踏まえて、PR の効果測定を行うことも重要である。

㈲　改　善

　これらの測定結果は、計画にフィードバックされることで、PDCA サイクルが行われることになる。

2　インターネット時代の PR 活動

⑴　インターネットの普及

　日本のインターネット利用状況は82.9％といわれている[1]。特に若年層を中心にインターネットが普及しており、もはやテレビ以上に影響力をもつ PR ツールとなりつつある。

　インターネットは、既存メディアとは異なった、スピード、双方向性、スケーラビリティ、国際性などの特徴をもっており、多くの企業が PR 活動に取り入れている。

　インターネット媒体の種類と特徴については、(第 8 章 2) で解説しているので参照されたい。ここでは、インターネット媒体を PR 活動に用いることにフォーカスして解説する。

　インターネット媒体は、長さや掲載期間の制限が少ない、双方向性、動画を用いることもできる等のメリットがあり、PR 効果を数字で把握することができるという特徴もある。インターネット媒体の活用は、PR 戦略の立案

1　総務省「令和 3 年通信利用動向調査の結果（概要）」〈https://www.soumu.go.jp/johotsusintokei/statistics/data/220527_1.pdf〉。

の際には特に積極的に検討すべきである。

(2)　自社ウェブサイトを利用したPR活動の実際

(ア)　ウェブサイトとブログの設置

インターネットでのPR活動の最も基本になるものとして、ウェブサイトが設置されることがほとんどである。また、形式張らない内容をしばしば追加するために、ブログが併設されることも多い。

ウェブサイトやブログは、理解・興味を高めてもらうメディアという色彩が強い。読みやすく工夫しつつ、長く詳しい内容を書いておいてよいし、しばしば更新することも有効である。繰り返し閲覧してもらうために、ウェブサイト上で一つの雑誌を運営するようなことも行われたりする。

(イ)　SEO（検索エンジン最適化）の検討

ウェブサイトは、設置しただけではなかなか存在していることを認知してもらえない。設置しただけでも、検索サイトで見つけて閲覧しにくるネットユーザーはいるだろうが、もともと強い関心をもつ層に限られ、PRとしての効果は限定的である。

このため、ウェブサイトやブログの内容を充実させることばかりに夢中になりすぎず、誘導するための導線をいかにつくるかということにも意識的・継続的に労力や費用をかけていく必要がある。

ウェブサイトでPR活動を行う以上、検索されやすいワードで検索されたときに上位に表示されることが理想的である（NINJAS「Announcing: 2017 Google Search Click Through Rate Study」によれば、検索順位ごとのクリック率は、1位が21.12%、2位が10.65%、3位が7.57%、4位で5％を切り（4.66%）、8位から10位までは1％台まで下がる）。

そのために、特に宣伝したい事項に関しては、SEO（検索エンジン最適化）を検討することになる。業者への依頼が一般的である。

特に宣伝する必要まではない事項に関しては、CMS（コンテンツマネジメ

ントシステム）の機能や、ブログシステム側がもつ SEO 的な効果に任せてお
けば足りると思われる（著名なブログシステムに掲載するほうが、検索結果上位
になりやすい傾向がある）。また、一般論として、ウェブサイトをしばしば更
新したり、ブログ記事を高い頻度で追加したりすることは、SEO の面で効
果的といわれる。

⑴　広告等の活用

ウェブサイトへの導線を確保するための方策としては、SNS での発信、
ネット上の広告のしくみの利用、既存メディアでの活用、ランディングペー
ジの設置といったものも考えられる。また、YouTube などの配信の活用も
よく行われている。

これらの方策においては、掲載できる内容の量が限られることがほとんど
であり、他の広告主や発信者もいるため、埋もれてしまわないための工夫も
必要である。このためには、

- こまごまとした説明よりも、とにかく印象に残る内容・認知させる内容
  を強く打ち出す（SNS でシェア等をするユーザーの半分以上は中身を読ん
  でいないというのが経験則。標題部分が特に重要となる）、
- 短く印象的な文言のキーメッセージを活用する、
- 印象的な画像・動画を活用する（目を引けば十分で、そのためには中身と
  さしたる関係がなくてもよいような場面も多い）

といったことが考えられる。伝統的な広告手法と大きくは変わるものではな
い。

なお、広告を配信している場合、配信先にフェイクニュースサイト、ポル
ノサイトその他の反社会的ととらえられかねないサイトがないか注意する。
そして、これらのサイトが配信先に含まれていることが判明した場合、早急
に配信を止めるべきである。特に指定して配信していたのでなくとも、これ
らのサイトを支援していると強く批判され、ブランド価値を毀損することに
つながりかねないためである。

㈑　PR活動のための体制

インターネットを利用したPR活動においては、広告代理店などの専門業者がかかわらずに、企業等内の慣れない担当者が手作りで記事やコンテンツを制作し公開することも多いと思われる。

また、インターネットを利用したPR活動において、目立つことを優先しすぎたため、強い批判の対象となった事例は枚挙にいとまがない。期間と費用をかけて準備をしてきたものが1日も経たずに中止を余儀なくされることもしばしばである。

このようなことを防ぐため、拡散を狙いすぎて、モラルに反していたり、特定の層を不快にさせたりする内容になっていないかなどを企業等内で確認すべきことは当然である。また、一人の、または少人数の担当者では目配りできる範囲がどうしても限られる。このため、広報内容をチェックできる体制を備えたり、マニュアルを準備したりすることが望ましい。

(3)　SNS、動画共有サイトの活用

SNSは、人と人とのつながりを促進・サポートする、コミュニティ型のサービスといわれている。SNSはユーザーが自己の興味のある記事をより多く視聴できるようになっていることが多く、これは逆にいえば、ターゲットを絞り込んだ広報活動が可能ということになる。

SNSを用いた成功例では、Twitterを積極利用して利用者のリクエストに応えて成功したスターバックス等多数の例が挙げられる。

また、芸能人の記者会見がYouTubeのライブ放送で132万同時視聴を記録したように、オールドメディアの利用では難しい広範囲な訴求も可能である。

しかし、単調な記事ばかりでは飽きられやすい。失言などで炎上する可能性もあるなど、利用には注意が必要である。

⑷　ネット上のニュースメディアの活用

インターネット上のニュースサイトは2018年には4000サイトともいわれており、今後も増加することが予想されている。特徴や読者数もさまざまである。

サイトごとの影響力、読者層、掲載に必要となる費用などを見極め、活用することが考えられる。

3　国際広報

⑴　異文化の認識と理解

グローバリゼーションの進化に伴い、中小企業等であってもステークホルダーが日本国内だけにとどまらないことが珍しくなくなった。

国際広報においては、その国の文化、言葉、習慣という異文化をできるだけ理解し、相違点を意識することが必要である。現地の政治、社会、文化的情報を収集するために、現地 PR 会社を用いる場合もあるが、そのうえで、行う広報の手法は、国内と大きく異なるところはない。

⑵　世界で要求されるコーポレート・シチズンシップ

コーポレート・シチズンシップ（企業市民としての責務）は、先進国だけでなく、世界規模で要請されつつある。また、CSR も国際標準になろうとしている。これらの責務を忘れては、企業等の品格が疑われ、長い目で見ると損失となってしまう場合もあるので注意が必要である。

⑶　日本における外国マスコミとの接触

日本国内で外国マスコミに向けて広報を行うこともある。そのために利用

できる四つの組織がある。

①　フォーリン・プレスセンター（FPC）は、日本新聞協会と経団連の拠出金で設立された組織である。外国人報道関係者の取材活動の支援を目的としている。

②　在日特派員協会（FCCJ、外国人記者クラブ）は在日外国人ジャーナリストの親睦団体、在日外国報道協会はニュースメディア単位の組織である。

③　ⓐ共同通信社、ⓑ時事通信社は、国内のマスコミであるが英文ニュースへのアプローチが可能となる。

⑷　SNS、ウェブサイトの活用

英語を初めとして、現地の言語でのウェブサイトをもつことは、インターネットが世界中からアクセス可能な媒体であることから有効な手段となりうる。もっとも、アクセス元の国の文化、言葉、習慣という異文化をできるだけ理解し、相違点を意識したうえで、各言語に対応することが望ましい。

4　弁護士の PR 活動

⑴　弁護士を取り巻く環境

㋐　大幅増員の影響

「司法制度改革」による司法試験合格者大幅増員の結果、その後2021年までに弁護士人口が倍以上となっている。これに対し、国税庁の発表する弁護士の申告所得額では2006年をピークに弁護士の平均申告所得額は落ち込んでいる。

これに対して、専門性が叫ばれるようになって久しいが、法律以外の高度な専門知識も動員することが必要な知的財産や税務訴訟などの分野では短期

間での熟練は不可能であり、長期的に専門性を高める努力が求められる。

(イ)　広告規制の緩和

弁護士業界でも広告規制が緩和されたこともあり、ウェブサイトでの宣伝広告が華々しく行われている。

これにより市民の司法アクセスが従前よりも容易になり、場合によってはタイプの違った複数の法律事務所や弁護士に相談したうえで、依頼する弁護士を決定することも可能となってきている。また、ターゲットとなる顧客層を絞り、専門性を前面に押し出した事務所も増えてきている。

(ウ)　取得資格や職場の多様化

若手弁護士が、事業者の集まる団体のメンバーとなったり、会合に参加して、そこで人脈を広げることは珍しくなくなった。また、弁護士が他士業の資格を取得することも活発化している。

また、在野の法律事務所に所属するばかりでなく、企業等内弁護士となったり、地方自治体や中央官庁で勤務する弁護士も増えてきている。

事例から 4　「ヘイトデモの差止め」と PR

　私は、JR 鶴橋駅周辺でヘイトスピーチをまき散らすデモや街頭宣伝（街宣）等に対して差止め仮処分「ヘイトデモ差止め」の際に、弁護団の一人として活動しています。

　「ヘイトデモの差止め」は、最初は、拡声器などを使ってヘイトスピーチを行うデモや街頭宣伝の差止めの仮処分決定を得ました。一般に、ヘイトデモはネットで参加者集めのために開催場所や時間を事前予告しますので、それにあわせて急いで仮処分申立ての準備を行ないます。その段階で、すでに申立人となる NPO 法人（特定非営利活動法人）に対してマスコミの 1 社から取材が入りました。記者は、弁護団にも熱心に取材したため、ヘイトスピーチについての理解も深いものとなりました。

　申立ては、努力の甲斐あってヘイトデモを差し止める仮処分決定が出ました。私は、「こんなに熱心に取り組んできてくれたのだから、担当記者の所属する会社に独占させてあげて、トクダネにしてあげよう」と考えて、決定直後の記者会見を行いませんでした。その結果、関西で初の在日コリアン多住地域でのヘイトデモ差止め決定だったにもかかわらず、テレビでの発信は地味に終わってしまいました。そもそもヘイトスピーチをなくそうとしているのですから、裁判所からもヘイトスピーチはダメだと言われたことを広めなければならなかったと思います。もっとも、この件は裁判所の決定にもかかわらずヘイトデモの主催者が開催場所にやってきて、ヘイトスピーチに反対する多くの人と対峙した際の様子が多くのニュースに取り上げられたことから、幸いにも、世間の注目を受けることになりました。

　二度目の仮処分は、ビラの配布やポスティングや、排外主義的で差別を肯定するような名前で活動することも差し止めようと考えて申立てをしています。前回同様に 1 社から事前の取材がありましたが、前回の反省を踏まえ、決定直後に記者会見を開いて、ヘイトスピーチの悪質さや問題性を伝えるとともに、差止め決定を下してくれた裁判所にも敬意を表するコメントをしま

した。これは、差別や偏見に目を曇らせることなく、難しい問題に正面から立ち向かい決定を下してくれた担当裁判官に敬意を伝えたかったことと、裁判所も事件のステークホルダーであることを伝えたかったのです。通常の記者会見では、当事者のコメントしかテレビ放映されず、弁護団のコメントはカットされるのですが、ニュースでは弁護団のコメントが紹介されました。決定後や判決後に裁判官に感想や思いを伝えられる機会はまずないので、幸運に恵まれたと思っています。

（弁護士　林　　範夫）

⑵ 弁護士の PR 手法

㋐ PR 計画の策定

弁護士は、職務規程等の制限があるが、PR 活動の手法自体に他の分野と大きな差はない。

まずは、自身の所属している事務所の現状を分析しなければならない。マーケティングにおけるこの種のツールは多数あり、これらを PR に応用することが考えられる。

一つの方法としては、PEST 分析等を用いて外部環境を分析し、自己が所属する地域の特徴や、周辺の人口、地域の同業者の数といった外部環境と自己の強みとする分野等の内部環境を組み合わせて、クロス SWOT 分析などを用いて自己の戦略を策定することが考えられる（これらの手法は第10章で解説する）。

また、BSC（バランススコアカード）などの手法を応用して自己の戦略を策定することも考えられる。

㋑ ステークホルダーの選択

ステークホルダーを決めた場合、ステークホルダーに対するリレーションシップの方法を検討することになる。

対顧客に対するサービスの提供においては、４Ｐ分析等のマーケティングの手法を用いることが考えられる。

もっとも、PR におけるステークホルダーは、顧客だけではない。地域の団体や官公庁、他士業等に対しても良好なリレーションシップを築く必要があり、それぞれ、PR の手法を検討することが望ましい。

㋒ PR のツール⑴——ウェブサイトの活用

ウェブサイトは、現在、最も簡便な PR 方法と思われる。

SEO は、弁護士でも広く行われているが、近時、リスティング広告を掲載する弁護士も増えている。

いずれにしても広告効果はまちまちであり、広告費用効果を十分踏まえる必要がある。もっとも、事務所のウェブサイトを開設したとしても、直ちに集客につながるとは限らず、単純な広告手段よりも、広いステークホルダーに対する PR ツールと位置づける場合もある。

また、自己のサイトだけではなく、弁護士用の集客サイトに登録している場合や、Twitter や Facebook などの SNS を活用する弁護士もいる。中には YouTube にチャンネルを開設し、YouTuber として活動する弁護士もおり、活動の方法はさまざまである。

㈢　PR のツール(2)──その他のツール

弁護士としての活動がさまざまで、ステークホルダーもさまざまである以上、PR 活動もさまざまである。

事務所報は、顧問先や依頼者とのつながりを継続して意識してもらうことができる。

異業種交流会等、他業種や経営者との交流の場に加わることは、自然と自分を PR する場を得ることになる。

専門分野に関する書籍の出版は、他の弁護士や他士業、企業等の法務部からの紹介を呼ぶ効果がある。

㈣　インナーマーケティング

法律事務所内部の雰囲気は、事務所を訪れる依頼者に伝わることになるため、職場環境を良好な状態に保つことが、弁護士の PR 活動の第一歩となる。労働基準法違反やパワーハラスメントなどは論外である。

近時、企業等が、社内に向けて企業等の理念や行動指針の浸透を促したり、自社商品やブランドの価値を理解してもらうために行う活動はインナーマーケティングと呼ばれているが（インターナルブランディングやインナーブランディングとも呼ばれる）、法律事務所においても、インナーマーケティングは必要であり、事務員や所属弁護士に対し、職務における向上心、事務所に対するロイヤルティ、事務所としての一体感の醸成が必要である。

事例から6　犯罪被害者支援と PR

私は、2016年7月26日に発生した津久井やまゆり園での殺傷事件や、2018年6月9日に発生した東海道新幹線車内での殺傷事件において被害者や遺族の支援にかかわりました。

1　事件発生

大きな事件発生のニュースを見て、思わず自分の今後数日間の予定を確認しました。要請があった場合、警察署や病院、ご自宅などに行きすぐに法律相談ができるよう準備します。被害者が亡くなられた場合は、葬儀などの予定もあるので、暦も確認したりします。

2　事件発生直後

被害者や遺族に会い、状況を確認します。自宅にマスコミが来ていて帰らないなどの場合は、自宅に行って名刺を配り、とりあえず帰ってもらうよう交渉したりもします。警察もさすがに公道にいる人を退散させることはできないので、そういうときは弁護士の出番になります。最近はメディアスクラム（集団的過熱取材）は少なくなった印象ですが、その代わりに突撃系 YouTuber などの対応が必要なことがあります。変な人がいないか、葬儀場や火葬場に行って見回ったりもします。最近は、葬儀場に押しかけて生配信する輩もいて、困ったものです。

3　まずはコメントを

メディアはとにかくコメントを欲しがるので、被害者や遺族の了解が得られれば、一言でもいいからコメントを出しておくようにしています。「そっとしておいてほしい」、「今は静かに見送りたい」だけでも出す意味があると思います。

県警記者クラブの幹事社を確認してコメントをファクシミリで送り、記者クラブに所属していないメディア（週刊誌やネットメディアなど）に対しては個別に対応するのですが、コメントは一斉に、平等に送るようにしています。「粘った者勝ち」と思われてしまうと、個別の取材申込みが殺到してし

まうのです。

　「遺族が答える義務はない。粘られても、しつこく連絡されても、出ないものは出ない」という態度をハッキリするべきです。大手新聞社とか、昔からのメディアのほうが古いゴリゴリの取材をしてくると思います。「コメントをとるまで帰るな」と言う上司がいまだにいるのかもしれませんが、そういう取材の手法は、もはや「オワコン」です。

4　SNS で拾った写真・卒業アルバムの写真を使われる

　加害者の情報はあまり出回らないのに、遺族に承諾なく、被害者の写真を報道するのはいかがなものかと思います。亡くなった家族の名前をニュースで読まれたり、写真が出るとつらいので、テレビもネットも見られないという遺族にどう説明すればいいのかわかりません。「死者の個人情報だから法的には争えません」などと言えとでもいうのでしょうか。自分が遺族と同じ立場に立ったとき、家族の写真を勝手に使われてどう思うか、メディアには再考してほしいと思います。

5　戦場のような現場

　神奈川県ではここ数年、大きな事件や事故が立て続けに起こっています。どのような事件や事故にもしっかり対応できるよう、神奈川県弁護士会の犯罪被害者支援センターは体制を整えてきましたが、毎回戦場のような現場で、とにかくやれることは全部やるというスタンスで行っています。被害者や遺族が報道に苦しむことのないよう、しっかりサポートを続けていきたいと思います。

（弁護士　上平加奈子）

コラム3　消費者被害事件と PR 広報

　私は、弁護士として消費者被害事件を多く担当してきました。

　今も、悪徳商法（マルチ商法、原野商法、霊感商法、預託商法等）、投資被害（IP 電話中継局オーナー制度、仮想通貨等）、健康被害（化粧品や石鹸のアレルギー被害等）、表示偽装（燃費偽装、食品産地偽装等）など、消費者被害事件は後を絶ちません。このような消費者被害に対しては、全国各地で弁護士有志が弁護団を結成し、被害救済のために活動することが多いです。

　近年の消費者被害は、被害者が全国規模で多数に上る事案が多いのが特徴であり、一つの弁護団で数百人から千人以上といった規模の依頼者を抱えることもしばしばです。また、責任を負うべき企業や代表者が破産したり逮捕されたりすることもあり、それらの者にすでに財産がなく被害回復が困難、という場合も珍しくありません。そのため、それらの企業や代表者にとどまらず、その会社の役員や代理店、紹介者などの関与者に対しても責任追及も行う必要があります。

　しかも、相手方が法的責任を争うことも少なくありませんので、集団訴訟を提起して裁判所の判断を仰ぐことが多いわけですが、判決や和解が成立するまでには、長い時間がかかります。

　消費者被害事件に限ったことではありませんが、被害が問題となった時点では、インターネットやマスコミ報道などで話題となり注目されますが、被害救済には長い時間がかかりますので、よほど世間の注目を集める大事件でない限り、時間が経過すれば、世間から忘れ去られてしまいます。そこで弁護団は、集団訴訟を提起する段階や刑事告訴の段階、証人・当事者の尋問を実施する段階、民事訴訟の判決や刑事事件の逮捕・起訴などの段階、といった重要な局面に応じて、記者会見を開いたり、プレスリリースを公表したりすることになります。

　さらには、事件に関心をもっている記者と情報交換を重ね、雑誌や新聞に追跡記事等を掲載してもらったり、最近では、弁護団がウェブサイトやブロ

グなどを開設して、自ら積極的に広報したりすることも当たり前になっています。また、多数の依頼者を抱える弁護団においては、依頼者に対する説明や報告という側面でも、弁護士が通常取り扱う受任事件とは異なる対応が求められます。

弁護団が依頼を受けて集団訴訟を行う際には、すべての依頼者について統一的な解決を図ること（個々の被害者の個別事情を特別に考慮できないこと）について同意してもらうことが多いのですが、特に消費者被害事件においては被害者の年齢や性別、被害状況などがさまざまであり、集団訴訟で和解を模索する場合などでは、依頼者へ十分な説明を行い、依頼者との関係でもトラブルが生じないよう、心を砕く必要があります。

弁護士と依頼者との信頼関係は重要であることはいうまでもありませんが、特に弁護団事件では、依頼者へ定期的に活動報告を送ったり、必要に応じて依頼者説明会を開催したりするなどして、弁護団と依頼者（被害者）との関係（リレーションシップ）を円滑にする努力が重要になるわけです。

弁護士同士の連絡のためにメーリングリストやオンラインストレージを用いたり、依頼者に対するメールマガジンで定期報告をしたりして、ファクシミリや郵便にかかるコストをネットを活用して下げることは、消費者事件でも行われています。

また、インターネットが普及した昨今では、弁護団活動に対しても、SNS などを通じて賛同や不満、誹謗中傷がなされることも増えました。

某大手自動車メーカーの燃費偽装事件に関して、弁護団を結成し、該当の軽自動車を購入した消費者について消費者契約法 4 条に基づく売買契約の取消しを行い、販売店へ返金を求めるという集団訴訟を提起したところ、マスコミ報道を受け、SNS 上では「弁護士が事件を金儲けの手段に利用している」、「事件漁り」などの心ない投稿が多く見受けられました。実際には金儲けとはほど遠いのですが、インターネット全盛の時代においては、弁護団活動もこのような批判の対象になってしまうことを痛感した次第です。

（弁護士　川添　　圭）

事例から 6 　LGBT に関する訴訟と PR

　全国に展開する大手スポーツクラブを相手取って、性同一性障害と診断されている原告が、戸籍上の性別が男性であることを理由に、利用拒否した大手スポーツクラブに慰謝料請求をした裁判で、私は原告の訴訟代理人として、原告本人に同席して、提訴時の記者会見を行いました。

　2015年12月25日、京都地方裁判所でスポーツクラブ側に慰謝料の支払を命じる判決がなされたことを受けて記者会見を行ったのですが、記者クラブの会見場には、NHK、民放テレビ、各社がテレビカメラを並べ、記者クラブに所属する新聞社や通信社の記者以外にも、雑誌やネットメディアの記者も詰めかける状態になりました。

　この事件の記者会見が大盛況になったのは、事案の「珍しさ」があったからかもしれません。しかし、記者会見で問題の本質を伝えることができなければ、「こんな変わった裁判が始まったよ」という物見遊山的な記事やニュースしか配信されません。本質をストレートに伝え、かつ記者がすぐに使える言葉を選ぶことが大切です。

　その日の記者会見では、原告本人は、「私は、今日の記者会見で、記者の皆さまに、ただ一つだけお願いがあります。このお願いを守ってくれたら、あとは好きに書いてくれていいです。そのたった一つのことは、記事に『原告の女性』と書くことを守ってほしいということです。戸籍は男性かも知れませんが、私は女性です。私は女性なのです。だから『原告の女性』と必ず書いてほしいのです。戸籍のことは『原告の女性、カッコ、ただし戸籍は男性』と書いてくれたらいいんです。私は女性です。それがこの裁判です」と言いました。この事件の本質を端的に示す、一言だったと思います。

　記者会見の30分後に放送された正午前のテレビニュースでアナウンサーは「京都府内の原告の女性は、戸籍の性別が男性であることを理由に……」とニュース原稿を読み上げてくれました。

　一般に、訴訟提起の記者会見で弁護士は、できるだけ話さないほうがよい

と思います。間違っても記者会見を法律論の講義や一方的正義の講釈の場にしてはいけません。ただ、当事者が語る「かわいそう」なストーリーだけでは、たとえ世間から同情してもらえても、それがなぜ裁判にまで問うべき社会問題なのかという本質は伝わりにくいです。訴訟を社会に向けて PR するのであれば、弁護士は「なぜ依頼者の個人のストーリーが、社会に対して普遍的な問題提起となるのか」を、依頼者が自分の言葉で説明できるところまで、あらかじめサポートしておかなければなりません。

　ちなみに、この訴訟は、提訴から 1 年半後、裁判所からの強い和解勧告により終結しました。被告の希望で守秘条項が入ることを見越したのか、裁判所からの和解勧告の冒頭には「記者会見で使えるように」と、原告が訴訟で一番問いたかったことに対する裁判所の回答が書かれてありました。これもまた社会に向けた裁判所の PR だったと思います。

（弁護士　南　　和行）

第6章

プレスリリース

1　プレスリリースとは

　プレスリリースは、報道機関に向けた、情報の提供・告知・発表のことであり、ニュースリリースともいわれる。

　プレスリリースは、PR 活動の一手法であり、PR 戦略との整合性が必要である。さらに、PR 戦略が事業戦略との整合性が求められる以上、プレスリリースは事業戦略との整合性も必要である。

　また、プレスリリースは、目的と手段の整合性（載せてもらいたいのであれば、載せてもらいやすく書く）、他の手法との整合性（プレスリリースは記者会見、記者向けイベント等と組み合わせて行われることが多い）が重要となる。

　メディアは、プレスリリースからそのニュース性を判断して、ニュース性があると判断すれば、自らの取材を加えて記事を書くことになる。メディアには毎日多数のプレスリリースが提供されており、インパクトのないプレスリリースは注目されない。そこで、プレスリリースは、そのような特性を十分踏まえて、どのような記事になるのかをイメージしてなされる必要がある。

2　プレスリリースの書き方

　プレスリリースの書き方に正解はない。

　しかし、プレスリリースは、企業等が伝えたいこと、プレスが知りたいことを伝えるためのものであるので、プレスが容易に理解できないようなものは望ましくない。

(1)　プレスリリースの形式

　プレスリリースについては、おおよそ以下の形式が望ましいとされている。弁護士作成のプレスリリースによくみられる、弁護士の意見を書き連ねただけのものや、事物を単純に書き連ねただけのものは、プレスリリースとして

は失格である。

① 分　量：　一読性の観点から、A4サイズ1枚が理想とされているが、事案によって数ページになることもある。

② 構　成：　ヘッダー（ニュースリリース、報道関係者各位、日付、会社名等）、フッター（会社概要、問合せ先）、見出し、リード、本文、資料等

③ 見出し：　2〜3行が目安とされている。3行見出しなども多い。

基本的に、新聞記事の見出しになることを意識するべきである。

誰が何をどうするのか、メディアが好きそうな言葉を考えなければならない。

一般的にマスコミは、「日本初」、「日本最大規模」等の文言に注目するといわれている。

④ リード：　一般的には350文字程度といわれている。リードでは、記事のサマリーを記載する。

その際に、5W1Hをコンパクトに書くほか、記事に客観性をもたせるため、客観的な数字を記載することが好まれる。

⑤ 本　文：　逆三角形型（結論から書く）ことが望ましい。

結論から書いていくことを「逆三角形型」というが、逆三角形が望ましいのは、新聞記事がそのような形式になっていることが多いからである。判決のように結論を最後に書くスタイルに慣れている弁護士は注意が必要である。

メディアの記事は、論説ではないので、具体的な事実に立脚する必要がある。弁護士の主張のみの文書はプレスリリースとしては失格である。関連データなど数値や、事件に関する報道であれば、日時、場所等の5W1Hのほか、裁判であれば提訴日、請求金額、判決であれば主文の内容や裁判官の

氏名等が問われることが多いため、あらかじめ記載しておくのが望ましい。

　裁判の報道の場合は、簡単な年表を入れるとメディアの理解を容易にすることが多い。

⑥　その他：　補足的な要素は別紙に記載することが望ましい。

　記者が事実確認できるように、連絡先を記載するべきである。

　連絡先は、電話番号のほか、メールアドレスも書いておくことが望ましい。

　写真を掲載することはインパクトがあるので効果的ではあるが、ファクシミリ送信した際につぶれて見えないことも多いので注意することが必要である。

　一見してわかるように写真や、図表等を利用することも考える。

(2)　プレスリリースの内容

　もちろん、プレスリリースは形式さえ整えればいいというわけではない、メディアが興味をもつ内容でなければ、いくら指摘しても意味がない。内容については以下の点に注意するべきである。

①　何が新しいのか

　プレスリリースに一番必要なのは、新規性・ニュース性である。新規性・ニュース性が高い事実を打ち出した記事になるようにする必要がある。

②　社会的背景を考える

　記事の多くは、読者とのつながりがあるから記事になっている。そのため、記事と社会のつながりを意識する必要がある。

③　専門用語・業界用語を使わない

〔図表16〕　プレスリリースの注意点

● 何が新しいのかを簡潔に
● 社会的背景を盛り込む
● FACT を伝える
● 専門用語・業界用語を使わない
● 一見してわかるように

【参考2】　プレスリリースの一般的なレイアウト

報道関係者各位	ヘッダー
○○年○月○日	
	弁護士　○　○　○　○
タイトル	
リ　ー　ド	
本　　文	
連　絡　先	
連絡先　○○法律事務所　TEL　00-0000-0000　Emil　00000000@000000	

　　記事が一般の人がみることを予定しているので、専門用語をそのまま用いても記事として取り上げがたい。また、プレスも多くの場合、その分野の素人であるため、素人でもわかる内容になるよう吟味する必要がある。

3　プレスリリースの手法

　プレスリリースは、リリースする先によって手法もさまざまである。ここでは、弁護士が比較的かかわる、事件報道に関するプレスリリースを念頭において解説する。

　司法記者クラブは、大阪、東京では、地方裁判所に設けられている。司法記者クラブに電話して、幹事社にファクシミリを送信する方法や持参する等の方法が考えられる。

　プレスリリースのタイミングであるが、テレビの放送時間（正午のニュースなのか、18：30からの地方のニュースで紹介されることが目的なのか、11時のニュースなのか）を念頭に、いずれにしても取材に必要な時間を考える必要がある。

　新聞の場合は、入稿時間を考えることが必要である。正午に夕刊の入稿時間があるが、2時半ころまでは特ダネなら大丈夫とされている。朝刊は基本的に記者の業務時間までに投稿することが望ましいが、特ダネなら午前2時くらいまでなら大丈夫とされている。

　夕刊の地方欄のほうが大きく取り上げてもらいやすいが、反面影響力は大きくないので、ニュースバリューとのバランスを考える必要がある。

　リリースの曜日も問題になる。土日の取材は少ないので、土日に発表すると記事になりにくい。大型倒産事件に関するプレスリリースが金曜日の夕方にリリースされることが多いのは、このことと無関係ではない。他方で、逆に週の前半に発表すると記者の取材の予定が立てやすく、時期を問わないネ

タは空いているときに掲載しやすいといえる。

　ウェブ系メディアに対しては、プレスリリースに関するメールを送信することになる。ウェブ系メディアは、プレスリリース用アドレスが公開されていることが多いが、記者と名刺交換しておいて、直接メールを送信するほうがレスポンスがよい。

　司法記者クラブやウェブメディアへのリリースと同時に、自社サイトにリリースを掲載することもしばしば行われている。サイトの閲覧者が少ない場合は影響力が少ないが、他方で、事件によっては閲覧が殺到してサイトが炎上することもあるので注意が必要である。

第7章

メディア
トレーニング

1　メディアトレーニングとは

(1)　定　義

　メディアトレーニングとは、マスコミの状況を把握し、スムーズなインタビュー対応などを実現するために、経営陣や広報担当者に対して講習・訓練を行うことを指す。

　もっとも、メディアトレーニング自体は、法律用語ではなく、多義的に使われることも多い。

(2)　メディアトレーニングを行う意義

　メディアトレーニングは、単にマスコミへの印象を良くするために行うものではない。

　質疑応答のための講習や訓練を行うことは、マスコミ対応の能力を向上させ、経営陣や広報担当者の意識を変えるためにも役立つほか、PR 活動の成果を表現するために不可欠である。

　たとえ PR 戦略がよく練られており、PR 活動の内容が良いものであっても、表現方法がまずかったり拙かったりすれば、伝えるべき人に伝わらない。

　したがって、メディアトレーニングを行う意義は、メディアトレーニングの結果として表現される記者会見やインタビューの内容をいかに充実させ、いかにわかりやすく伝えるかを検討することにある。

　また、インタビューや記者会見を行う以上、企業等についてどのように広報していくかの根本となる、PR 戦略との整合性ももちろん必要となる。

(3)　メディアトレーニングのポイント

　メディアトレーニングは、そもそも何のために、何をやるのかを考えるところからスタートする。

そのポイントとしては、以下の点を十分検討するべきである。

① 　目的と手段が整合しているか（何のために、何をやるか）、

② 　他の手法とも整合性がとれているか、特に記者会見や記者向けイベント等と組み合わせて発表される、プレスリリースがしっかり固まっているか。

2　メディアトレーニングのやり方

ここでは、メディアトレーニングとして最も行われている謝罪会見を念頭に解説するが、メディア対応がさまざまである以上、トレーニングもさまざまである。

(1)　事前準備

まず、実際に緊急記者会見を行う事案を設定する。

また、緊急記者会見の出席者や質問者等の役割分担を定め、想定問答集の準備をする。その他、会見の際に必要な資料も事前に準備する必要がある。

(2)　リハーサル

実際の記者会見と同じような環境で、リハーサルをしてみることが重要である。

リハーサルでは、形式面も含め、すべてが予定どおりに進行できるか、態度や言葉の表現なども問題ないかを検証する。

ときには意地悪な質問や、進行を無視した質問などもあることが望ましい。

(3)　レビュー

これらのトレーニングは、やりっ放しでは意味がない。改善するべき事項を文書化して、常に改善することが重要である。

　レビューは、企業等内の者だけでは社風に流されて適切な評価ができない場合があるため、顧問弁護士など社外の者の参加が望ましい。

【参考 3 】　メディアトレーニングの例（謝罪会見のリハーサル）

1　全体の流れを決める
　□タイムスケジュール
　□司会・出席者の役割分担
　□冒頭の説明部分と質疑応答の内容

2　タイムスケジュールに沿ったリハーサルの実施

　入室前
　　□入室の順番を決めておく
　　□司会による挨拶・事前説明を行っておく
　　□プレスリリースや資料の配布が完了しているかを確認
　　□報道陣が席についているかを確認
　　□定刻に開始できない場合・トラブルがあった場合の対応を決めておく
　　↓
　入室時
　　□カメラにどう映るか・席までスムーズに移動できるか
　　↓
　報道陣の前に立ったとき
　　□マイクの位置
　　↓
　一礼と着席
　　□真っすぐ前を見るか、見渡すか、どちらかを決めておく
　　□礼をする際の角度・時間を確認
　　↓
　説　明
　　□会見の目的、内容の説明にどの程度時間を割り振るかを確認
　　↓

質疑応答

　　〇目的：質問にさらされたときに、何とか耐えることが重要

　　□防御ラインを守るべく、質問者の挑発に乗らないよう、また意地悪な
　　　質問にも冷静に回答できるよう、あらゆる質問を予測して準備するこ
　　　と

　　□やってはいけないこと：

　　　・質問に対して怒ること

　　　・問いに対して問いで答えること

　　　・わからないことなのに、推測で答えること

　　　・長時間黙り込んでしまうこと

　　　　（思い出しているのでちょっと待ってくださいなどと言えばよい）

　　　・聞かれていないことまで答えてしまうこと

　　□予想外の出来事への対応

　　　・反社勢力の出席への対応

　　□予定時間を過ぎたときの対応も決めておく

　　　↓

終了時の対応

　　□司会からどう終了を告げるか

　　□最後にどのようなメッセージを伝えるか

　　□立ち上がって一礼する際の動作の確認

　　　↓

退　室

　　□出口までスムーズに移動できるか

　　□質問や怒号が飛んだときの対応を決めておく

　　　↓

司会による終了の挨拶

　　□説明者が退出しているので、蛇足にならないよううまくまとめられる
　　　かを確認

　　□資料の再配布や次回の会見の告知などが必要な場合の対応を決めてお
　　　く

3　検証・改善

□タイムスケジュール・チェックリスト（【参考4】）の確認
□すべてが予定どおりに進行できていたか
□態度や言葉の表現などにも問題なかったか

4　質疑応答のポイント
□一問一答で
□質問を最後までしっかり聞き、質問者の質問が終わってから話す
□質問の意味が分からなかったときは、質問を聞き直す
□質問に答えればよく、失敗や成功ということは考えない

【参考4】　メディアトレーニングのチェックポイント

チェックポイント	確認事項	注意点
①　姿　勢	□きちんと直立できているか。 □お辞儀をしたときに、どこまで頭を下げるか。	□いすなどに邪魔されて膝が曲がったままでは印象が悪い。 □どこまで頭を下げるかを練習する（腰の角度は30度〜90度までのどこにするかを決めておく）。
②　話をする態度	□真っすぐ前を見て話ができているか。 □声の大きさ・話す速さは適切か。 □質疑応答では、質問者のほうを見て答えられているか。	□目線があちこちにさまよってしまうと、落ち着きのない印象になってしまう。 □聞き取りやすい声のトーン・速さとし、話が伝わるようにする。 □質疑応答では、質問者からの質問をよく聞いて、落ち着いてゆっくり回答する。わからないときは聞き返すことをおそれない。

③ 服装・外見	□清潔で誠実な印象を与える服装になっているか（スーツ着用が無難）。 □ネクタイは紺色などの地味なものを選んでいるか。 □靴はきちんと手入れをしておき、派手すぎない印象になっているか。 □時計・アクセサリーが目を引いたり、目立つものになっていないか。	□女性の場合、胸元が開き過ぎないように、スカートの裾が短すぎないように注意。 □余計なところに注意が向き、予想外の批判が生じることを避けるため、なるべく地味で無難な印象となるよう心がける。 □ブランド物を身に付ける必要はない。
④ 上半身の動き・手の位置	□落ち着く位置になるように事前にチェックしておく。 □緊張したり興奮したりするとどのような動きになるかを確認する。	□身振り手振りが入ってもいいが、あまりに多いと落ち着かない印象となる。 □無意識のうちに腕を組んでしまったり、ひじをついたりしていないか確認しておく。
⑤ 台本・原稿	□冒頭の説明部分では、どこを見て答えるかを決めておく（手元にある紙を参照するか、ある程度暗記しておくか）。 □質疑応答のための資料はどの程度準備しておくかを決めておく。 □想定問答や意地悪質問を考えておき、どんな意地悪な質問がきても慌てたり怒ったりしないようにしておく。	□ずっと目線を下に落としていると、原稿を棒読みであるという悪い印象を与えてしまう。 □資料は参考にする程度とし、自身の発表内容については、きちんと答えられるように事前に準備しておくことが必要。 □手元の資料に書いていないことを質問されたとき、予期しない質問がきたときに動揺しないよう準備しておく。 □手元の資料を撮影されないよう注意。

第8章

メディアの
種類と傾向

1　既存メディア

(1)　メディアの種類と傾向

　メディアとは、多義的な言葉ではあるが、ここでは、不特定多数の受け手を対象に情報を発信するような報道機関という意味で用いる。

　マスメディアには、インターネットが普及するより前から存在するマスメディア、新聞、雑誌、テレビ、ラジオ等の「既存メディア」とインターネットの普及によって出現した SNS 等の「インターネットメディア」と区分されている。

　もっとも、新聞やテレビといった既存メディアも、従来の手法に基づく取材による記事や情報を、インターネットを通じて配信しており、インターネットメディアの一翼を担っており、区分は相対的である。

　なお、公益財団法人通信調査会が、毎年実施する「メディアに関する全国世論調査」でも、既存メディアに対する世論の信頼度は今もおしなべて高い傾向にある[1]。

(2)　既存メディアの種類と特徴

㋐　新聞・通信社の現状と分類

　掲載情報に対して高い信頼を集め、依然として読者数も多い。信頼性の高さや著名さから、ブランド力が高いメディアといえる。

　他方、新聞離れが叫ばれて久しく、著名さと読者数・読者層が直結しない傾向が顕著となっている。総務省の情報通信政策研究所による「令和 2 年度情報通信メディアの利用時間と情報行動に関する調査」においても、2020年

1　公益財団法人通信調査会「メディアに関する全国世論調査」〈https://www.chosakai.gr.jp/project/notification/〉。

の平日の新聞閲読の行為者率は、60代が53.7％にも上るのに対し、20代は6.3％にすぎず、メディアとして利用する世代間の偏りが極めて大きい。一方で平日のインターネット利用は、60代が71.3％、20代は96.0％と、新聞閲読ほどの偏りはない[2]。このように、紙面の新聞は、中高年向けのメディアとなりつつある。

　また、地域ごとにシェアが大きく異なり、著名な全国紙でもある地域ではシェアがほとんどないといったことも多い。

　現在日本で新聞として把握されるものを整理するとおよそ以下のように区分される。

①　一般紙（全国紙）

　　世の中の話題を幅広く扱う新聞であり、出来事や事件事故についての事実報道、テーマを設定した企画報道などの報道記事だけでなく、社説など意見や論評をする論説記事を掲載する。毎日発行される日刊紙が多く、読売・朝日・毎日そして産経の4社の発行する一般紙が全国紙と呼ばれる。首都圏や大都市圏での購買者が多い。

②　一般紙（ブロック紙・地方紙）

　　体裁としては全国紙と変わりない一般紙であるが、首都圏以外に本社を置き、当該地方の話題を主に扱い、当該地方での購買者に向けた記事を多く掲載する。販売地域内でのシェアが全国紙よりも高い地方紙も少なくない。

　　なお地方紙の紙面には、提携する全国紙や通信社からの配信記事も掲載される。

③　経済紙などそのほかの新聞

　　一般紙と異なり、専ら経済産業に関わる記事を中心に掲載する新聞である。日本経済新聞は、経済紙の全国紙であり、読売・朝日・毎日・産

2　〈https://www.soumu.go.jp/main_content/000765258.pdf〉14頁。

経に日経を加えた五紙を五大全国紙ということもある。

　また特定の産業や業界についてのみかかわる記事を掲載する業界紙あ
るいは専門紙と呼ばれる新聞もある。業界紙、専門紙には日刊紙ではな
いものも多い。

　そのほかプロ野球などプロスポーツ情報、芸能情報やゴシップなど娯
楽性の高い記事を主に扱う日刊の新聞としてスポーツ紙や夕刊紙もある。
加えて政党や宗教団体の機関誌を新聞として扱う場合もある。

④　通信社

　通信社は、通信社の記者の取材に基づく記事を、発行媒体を有する他
のメディアに配信することを主な業務とする。日本では、共同通信社と
時事通信社が二大大手通信社であり、それぞれの配信記事が全国紙、ブ
ロック紙、地方紙に掲載されている。また日本の新聞社には、AP 通信
（アメリカ）、ロイター通信（イギリス）、新華社通信（中国）など、海外
の通信社の記事も配信されている。

　なお新聞紙など印刷物としての発行媒体をもたないことが通信社の特
徴であるが、日本の二大大手通信社はいずれも、ニュース配信の独自の
ポータルサイトをインターネットに開設している[3]。

㈜　テレビ・CATV・CS の現状と分類

テレビは、新聞と並んで影響力の大きい既存メディアである。放送される
番組の制作と配信に大規模な設備と人員を要することが文字と印刷の媒体で
ある新聞との大きな違いである。

　依然としてテレビ視聴者は極めて多く、現時点では、相当量の広報を行う
ことで、最も速く有名になれるメディアといえる。

　多数の視聴者を対象に一気に広報できる分、費用が高額となりやすい。ま

3　KK KYODO NEWS SITE〈https://www.kyodo.co.jp/〉、時事ドットコム〈https://ww
w.jiji.com/〉。

た、緻密なターゲティングは難しく、広く薄くとなりがちであり、視聴者も他のメディア（特にインターネット）からのものを含め、情報過多に陥っていることがある。時間（尺）の強い制約もあり、近時は、視聴者に「刺さりにくい」傾向が強まっている。

　また、若者を中心にテレビから YouTube 等のネット媒体への移行が顕著である。

　テレビの種類と特徴は次のとおりである。

①　NHK（日本放送協会）

　　公共放送を事業目的とする、放送法15条および16条により設立される法人である[4]。

　　NHK は国に対しても、また大企業等との利害関係においても、独立した中立した立場での報道が期待される。公益財団法人新聞通信調査会が実施した「メディアに関する全国世論調査」では、過去13回、NHKテレビに対する信頼度は、新聞と並んで、民放テレビ等のほかのメディアよりも高い得点となっている[5]。

②　民放など

　　NHK 以外のテレビ放送の事業者は、いわゆる地上波の民放テレビ局に限らず、ケーブルテレビ局、ＣＳ放送やＢＳ放送のテレビ局まで含めて全て放送法では、一般放送事業者として定義される。それぞれの資本や人員の規模は、それぞれの事業者で大きく異なる。

　　地上波の民放テレビにおいて、全国を放送圏とする事業者はない。東京都に拠点を置く事業者は、東京放送（TBS）、テレビ朝日、フジテレビ、日本テレビ、テレビ東京、東京メトロポリタンテレビジョン（東京MX）

4　〈https://www.nhk.or.jp/info/about/broadcast-law.html〉
5　公益財団法人新聞通信調査会「第13回メディアに関する全国世論調査（2020年）〈https://www.chosakai.gr.jp/wp/wp-content/themes/shinbun/asset/pdf/project/notification/yoron2020hokoku.pdf〉。

の 6 社であるが、いずれも首都圏を固有の放送圏内とする事業者である。

　しかし東京メトロポリタンテレビ以外の 5 社は、全国の民放テレビの事業者と系列局としての提携関係があり、キー局として系列の地方局に対してニュースや制作番組の配信を行っている[6]。

　なお民放テレビの系列は、いずれも東京都に拠点を置くキー局と、大阪府に拠点を置く準キー局、愛知県に拠点を置く準キー局、それ以外の地方局とにより構成されている。キー局の事業規模に比べて、準キー局の事業規模は小さく、地方局はさらにより小さくなっている。

　民間放送事業者（ラジオ事業者も含む）の収支状況についての総務省の統計資料によると、平成29年度について、全民間放送事業者の営業売上げ全体の49％をわずか 5 社の在京キー局が占め、10％を在阪キー局 5 社が占めている。愛知県の準キー局と地方局の総数を考えると、一社当たりの事業規模が、在京キー局、在阪準キー局、そしてそれ以外とで、大きく異なることがわかる。

　なお民放の事業者は、キー局においても記者職に特化した採用はなく、いわゆる総合職として採用された人員が人事異動や配転により記者職に就いている。

(ウ)　ラジオ

ラジオは、テレビが普及するより前、あるいはテレビが普及する過渡期においては、報道だけでなく大衆の娯楽の用にもなる主要なメディアであったが、現在、テレビのような社会的影響力はない。

　総務省の情報通信政策研究所による「令和 2 年度　情報通信メディアの利用時間と情報行動に関する調査」では、2020年度の全年代平均のラジオ聴取時間は、平日 1 日あたり13.4分であり、テレビのリアルタイム視聴時間の前

6　一般財団法人日本民間放送連盟ホームページ公開資料〈https://www.j-ba.or.jp/category/data/jba104001/〉。

年代平均の163.2時間のおよそ10分の1以下である[7]。

　ただし災害時等、テレビによる情報取得が困難な状況では、ラジオは重要な情報媒体である。

㈜　雑　誌

　雑誌は、一般の書籍と同じ流通販路により取り扱われる文字媒体であり、原則として有料であるところが、ほかの既存メディアとの大きな違いである。

　雑誌は、他の媒体に比べて、読者の記憶に残る機会が多く、深い理解を必要とする PR に特に重要な役割を果たしている。

　雑誌には、他のメディアと比べ購読者が強くセグメント（市場の中で共通のニーズをもち、製品等の認識の仕方・価値づけ・使用方法、購買行動において似通っている顧客層の集団）されており、雑誌ブランドに対する信頼性も高い。特に、ターゲットとする読者を絞りこんでいる専門誌にこの傾向がある。

　一般社団法人日本雑誌協会が公表している発行部数によると、雑誌の販売部数は下降傾向に歯止めがかからない。

　しかし週刊誌のゴシップ記事であっても、裏づけのある独自取材に基づくものであれば、その社会的影響力は極めて大きい。週刊誌によるスクープを、新聞やテレビといったほかのメディアが「後追い」で報道し、それが社会問題となるケースは少なくない。

　雑誌全体としての社会的影響力が弱まっていても、特定の雑誌に何らかの記事が掲載されることのピンポイントでの社会的影響力が、場合によっては新聞やテレビと同等以上に大きい場合がある。

㈠　その他の媒体

　上記のほかに次のような媒体もある。

① 　交通広告

　　交通広告は、電車の吊り広告など、公共交通機関をはじめ、交通関連

7　前掲（注2）14頁。

施設などにあるスペースを利用した広告媒体である。移動中や外出中に目にする機会が多く、反復して訴求できる点に特徴がある。

② フリーマガジン

フリーマガジンは、広告収入を元に定期的に制作され、無料で配布される印刷メディアである。柔軟に特定の層に対して配布が可能であり、対象を絞った広告が可能という点で効率が良いとされている。

㈎　メディアミックス

メディアミックスとは、商品を広告・CMする際に特性の異なる複数のメディアを組み合わせることで、各メディアの弱点の補完と相乗効果によって認知度を高め購買意欲を喚起していく手法である。

同一の広報対象を複数の媒体で広報することも有効である。あるメディアには全く接していないが、別のメディアには日常的に接している者をすくい上げることが可能となる。さらに、雑誌などのメディアから自社のウェブサイトに誘導するなど、メディア同士を有機的に組み合わせることが望ましい。

(3)　既存メディアにおける情報の流れ

㈅　新聞社・通信社

新聞社の場合、取材をする記者が政治部、社会部、経済部などの「部」に所属している。そしてその記者が取材内容をもとに起案した記事原稿を、デスクが内容を確認し、場合によっては手を加えて記事として完成させる。

そしてその記事は、整理部という部門に送られ、整理部の記者により見出しが作成され、紙面上でのレイアウトがされ、さらに有限な紙面の制約からくる校正が入れられ、紙面に掲載される最終的な形となる。

通信社の場合は、取材をした記者が最初の記事原稿を起案し、デスクによる校正が入る場合があるというところまでは新聞社の場合と変わらないが、最終的には地方紙に掲載される場合が多いので、記者の原稿の時点で、細かい内容まで網羅した長尺の原稿と、概要を整理説明するに留まるような短い

原稿など複数の原稿が作成されている場合も多い。

　いずれにせよ、全国紙、地方紙いずれであっても、掲載される記事には、直接の取材をした記者の理解や分析、場合によってはその記者自身の感想や思想が反映される傾向にある。取材し記事を起案した記者の氏名を明らかにする署名記事は、まさにこの記事に責任を負うのは誰かということを明らかにするものである。

　このように新聞に掲載される記事というのは、記事原稿に反映された取材をする記者の理解や分析あるいはその思想が、大衆（マス）に届く記事の中にまで維持されやすい仕組みとなっている。

　なお、新聞の場合は、記事として確定したあと印刷の工程を経て、各戸への配布や、コンビニや売店店頭への配架までの作業があるので、校了時間、いわゆる締切時刻が各社ごとにある。そのため、狙った枠での掲載をしてもらうためには各媒体の締切時間に配慮することが必要である。

(イ)　テレビ局

　報道番組や情報番組の中で、30秒程度のスポットニュースとして放送される内容は、取材により撮影した映像を中心に視聴者の集中力が途切れないように工夫した編集（映像の組合せ）がされ、取材で得たそのほかの情報は、映像に重ねるアナウンサーの読上げ原稿や文字テロップの形で整理される。

　番組の中で当該ニュースを取り上げるかどうか、どの程度の重みをもって取り扱うかどうかの最終的な決定権限は、報道番組ごとの編集長や番組全体のプロデューサーにある。

　担当する記者やディレクターの問題意識からスタートした取材でも、映像を中心とした放送内容としての編集は、取材に携わらないスタッフや編集長、プロデューサーにより、内容が決定されていく。

　テレビ番組の中で放送される内容は、このように多くの手が加えられ、多段階の意思決定を経て最終的な形が整う。特にプロデューサーは、大衆がイメージするそのテレビ局の「らしさ」や番組全体の色合い、そして政治的中

立性など、バランスを重視したうえで、他とは異なる訴求性をもつ内容となるよう、さまざまな要素を考慮して最終的な放送内容を決定する。

　つまり、一取材対象の意向は、あまり大きな考慮要素ではなく、さらに、その取材にかかわった記者やディレクターも、結果としては単なる映像と情報の入手担当の役割でしかなかったということも少なくない。

⑷　メディアへの対応方法

㋐　取材申込みに対する対応

　メディアに対して積極的に取材を要請する場合もあるが、企業等不祥事の場面では、メディアからの取材要請に対応することが多いと思われる。

　いずれにしても、メディアの取材意図を十分予測する必要がある。また、テレビや新聞であれば、どの所属部の取材かにより取り上げられ方がある程度想定できる。特にテレビに関しては放送が予定される番組の色合いに沿った取り上げられ方となるため、それに沿った対応を検討するべきである。

㋑　取材対応

　個別の記者に対応するのか、それとも一律にメディアに情報を出すのかはケースバイケースである。

　記者の個別対応では対応しきれないような場合や、メディアに対して一律に対応する必要がある場合は、記者会見やプレスリリース等の手法をとることが多いが、個別対応のほうが深掘りした報道となりがちである。

　一般にはメディアは「速報」にこだわり、「後追い」の場合はニュース価値を高めるためより深掘りした内容になりがちである。もっとも、速報はその性質上踏み込んだ内容となりにくい。そのため、後追いの報道で伝えたいことを取り上げてもらうよう働きかけることも考えられる。場合によっては、さらに深掘りした「特集」となるようメディアに情報を提供することもある。

2　ネットメディア

(1)　ネットメディアの隆盛

　ネットメディアは、今となっては広報媒体の核といえる。このことは、2019年の国内広告費が、インターネット広告が2兆1048億円（前年比119.7%）で、テレビメディアの1兆8612億円（前年比97.3%）をついに上回り、以後も上回り続けていることに象徴されている。

　広報手段となるインターネット上のしくみには次のようなものがある。今後も新たなしくみが開発されていくことが強く予想され、それぞれの特性に応じて活用することが求められる。

(2)　ネットメディアの種類

(ア)　ウェブサイト、ブログサイト

　自ら作成した情報を、量の制限なく、記者など第三者を通さずに、常時極めて安価に発信し続けられる。自らもてるメディアとして「オウンドメディア（owned media）」と呼ばれることがあり、対立する概念として、「アーンドメディア（Earned Media）」「ペイドメディア（paid media）」がある。自己の作成したウェブサイトは、サイト主の意向で、公開、更新、削除等を容易かつ瞬時に行うことができる。ただし、ネット上の情報は短時間に広く拡散されるので、一度公開した情報が削除不能になる場合もある。

　また、サイト内には、文字、画像、動画、音声、閲覧者の操作に合わせて動くオブジェクトなど、あらゆる要素を置くことができ、発信したい事柄に応じて柔軟に内容を構成することが可能である。これらの情報は関心をもたれれば、検索サイトで検索され、見にきてもらえるが、逆に、見にきてもらわなければ見られることはほとんどないといえる。このため、どのように誘導してくるか、ユーザーの導線を必ず考慮する必要がある。

(イ)　SNS（ソーシャルネットワーキングサービス）

　配信の操作が極めて容易であり、短い文章でも不自然でなく、画像や動画も付加できるものも多い。ユーザーの滞在時間が長い傾向があり情報を目にする機会が多く、また、ユーザーの属性に基づいた情報が配信されることも多く、ターゲットを絞り込んだ情報発信が可能となる。

　配信する情報の中にウェブサイト等へのリンクを設けることも容易で、流れてきた情報を閲覧者が他者とシェアするための操作も容易であることが多いため、視聴者にとって関心ある情報が広く拡散する傾向にある。

(ウ)　動画共有サービス

　動画共有サービスは、インターネット上に不特定多数の利用者が投稿した動画を、不特定多数の利用者で共有して視聴できるサービスである。世界最大手の YouTube ではユーチューバーと呼ばれる自主制作の動画作品を継続的に公開して広告収益により生計を立てる者が多数出現する等テレビをしのぐ勢いである。また、スマートフォンに特化した TikTok（ティックトック）等のサービスも人気である。

　動画共有サービスは、配信動画の長さの制限が原則としてなく、また、視聴者にとって興味のある動画がレコメンドされるので、テレビで展開するには専門的に過ぎる内容のものが人気を博することもある。

　初期から政党等が PR に積極的に利用するなどしているほか、「三和交通チャンネル」のような一見直接業務と関係のない動画を継続的に投稿することで、自社への認知度を高める試みもなされているところである。

(エ)　電子メール、メールマガジン

　ユーザーがふだん見るメールボックスに情報が流れてくるため、受け身のユーザーに対してある程度の内容（ただし、テキストが中心となる）に触れてもらうことができる。特に、スマートフォンへの配信は効果的と言われている。ただし、承諾ない相手にメールを送信する行為について特定電子メール法や特定商取引法などの法規制があるほか、スパムメールと認識されるよう

な行為をすることでレピュテーションの低下を招きかねないので注意が必要である。

電子メールは、ウェブサイト等へのリンクも容易であり、SNSと異なって紙幅も広く取ることができるが、メールが開かれないままになることや、他の大量のメールに埋もれがちになることには注意を要する。

(3) ネットにおける広告手法

(ア) 検索サイトでのリスティング広告

検索サイト（国内では主にGoogleとYahoo!である）で特定のキーワードで検索されたときに、検索結果に付随して表示される広告のことである。キーワード、表示する広告の内容やリンク先、ターゲティングするユーザーの属性（居住地域や年齢など）、広告がクリックされたときに支払ってよい金額等を設定しておくと、検索サイトで検索されたときに、マッチする場面で広告が自動的に表示される（入札の方式がとられるのが一般であり、他の条件が同一であれば、高額に設定しておくほど表示されやすい）。

広告自体の紙幅は極めて限られるため、ウェブサイトへ誘導する手段として用いるのが一般的であるが、特徴的なキャッチコピーなどを載せ、クリックされずとも閲覧者の印象に残すことを狙って利用されることもある。

(イ) 動的ディスプレイ広告

ディスプレイ広告は、ウェブメディアやブログなどがもつ広告枠に表示される広告である。その中でも、ウェブページ自体のテーマやユーザーの属性に基づいて、関心がありそうな広告が動的に選択されるものを動的ディスプレイ広告という。

さらに、広告をクリックするなどしてウェブサイト等を閲覧したユーザーに対し、同一のウェブサイトへ誘導する広告を表示させる機能をもつものもある（リターゲティング広告）。

広告自体の紙幅は極めて限られるため、ウェブサイトへ誘導する手段とし

て用いるのが一般的であるが、特徴的なキャッチコピーや画像などを載せ、クリックされずとも閲覧者の印象に残すことを狙って利用されることもある。

　このような動的ディスプレイ広告は、ユーザーの行動履歴等に基づくターゲットの絞り込みが可能なほか、SNSを中心に利用し、検索サイトもほとんど利用しないようなユーザーに対してもリーチすることができる等のメリットがある。

(ウ)　他サイトからのリンク

　他のサイトに自社サイトへのリンクを設定してもらうことは、自社サイトへの流量を増やすとともに、SEOの面でも効果的である。

(4)　ネット上のニュースメディアでの記事化

(ア)　ニュースサイト

　ウェブ上で運営される、ニュースを随時掲載するサイトである。運営には高い取材力を要するため、新聞社やテレビ局などのマスメディアをはじめとした組織力のある企業等や団体が運営しているのが一般である。

　自社のサービスやウェブサイトなどについての記事を掲載してもらうほか（ただし、ふだんから多量のニュースを扱っているサイトであるため、実現のハードルは非常に高い）、広告料を支払ってサイト運営者の構成力で広告記事を作成してもらい、掲載してもらうことも可能である。また、閲覧者が多いニュースサイトであれば、バナー広告を掲載することも一定の効果が見込める。

(イ)　プレスリリース等の配信サービス

　発信できる情報の種類は限定されるが（プレスリリースなど）、閲覧数の多い配信サービスを利用することで自社情報を広く配信することが可能である。また、配信サービスをニュースソースとして重視しているニュースサイトや一部マスコミに取り上げられる可能性もある。

第9章

リスク
マネジメント

1　リスクマネジメントとは何か

　PR は、企業等のリスクマネジメントと適合していなければならない。そこで、本書では、リスクマネジメントの基本的な事項について解説する。

(1)　リスクマネジメントの規格

　リスクマネジメント自体は、広く知られた用語であるが、実際には、明確な定義は存在しない。ただし、リスクマネジメントにかかわる国際規格としては下記のようなものが存在する。

　①　ISO31000：2018（リスクマネジメント―指針）

　　ISO31000は、リスクマネジメントの国際規格であるが、指針であり、実践することが望ましい事項を定めた規格である。「基準」や「仕様」のようにしなければならないことを定めたものではない。

　　ISO31000の日本語版は JISQ31000として策定されている。

　②　COSO ERM

　　COSO により2004年9月に公表された全社的リスクマネジメントに関する考え方とガイダンスである。

　　COSO（The Committee of Sponsoring Organizations of the Treadway Commission：米国トレッドウェイ委員会組織委員会）とは、元は米国において企業等不正を正すために編成された組織である。COSO-ERM のようなフレームワークを提示するなどの活動をしている。代表的なものは内部統制フレームワーク（COSO モデル）である。

(2)　リスクマネジメントとクライシスマネジメント

　リスクマネジメントとは別にクライシスマネジメントという用語を用いることがある。クライシスマネジメントとは、顕在化したリスクであるクライシスの影響を低減させるための活動を指す用語であるが、リスクマネジメン

トにおけるリスク受容にはリスクの認識と管理が前提になっており両者は独立した概念ではない。

　実際に、JISQ31000の附属書JB は「緊急時対応への事前の備え」であり、これはクライシスマネジメントに相当する。

2　リスクマネジメントのフロー

　上記を踏まえてリスクマネジメントのフローについて下記のように整理する。

　まずリスクマネジメントは、PDCA サイクルによる持続的発展を志向するべきである。

　JISQ31000では、PDCA サイクルは、「リスクの運用管理のための枠組み」としてリスクの運用管理のための枠組みの設計、リスクマネジメントの実践、枠組みのモニタリングおよびレビュー、枠組みの継続的改善という枠組みで表現されており、PDCA サイクルの他に指令およびコミットメントとして経営者の実施事項が定められている。

　次に、具体的なリスクマネジメントの実践として、リスクアセスメントおよびリスク対応が実施されなければならない。リスクアセスメントは、リス

〔図表17〕　四つのリスク対応策

リスク回避	リスクを生じさせる要因そのものを取り除くこと
リスク軽減	リスクの発生可能性を下げる、もしくはリスクが顕在した際の影響の大きさを小さくする、または、それら両方の対策をとること
リスク移転	リスクを自組織外へ「移転」する行為。保険の加入などが含まれる。
リスク保有	特に対策をとらず、リスクを受容すること

クの特定、リスクの分析、リスクの評価からなるプロセスである。リスク対応は、リスクアセスメントの結果を踏まえて、リスクの対策を決定し実施するプロセスである。

　一般には、リスク対応は、リスク回避、リスク軽減、リスク移転、リスク保有があげられているが（〔図表17〕参照）、JISQ31000ではさらに細かく七つに分類している（〔図表18〕参照）。

　また、JISQ31000では、リスクマネジメントプロセスとして、リスクアセスメント、リスク対応のほかにコミュニケーションおよび協議、状況の確定、モニタリング・レビュー、記録作成および報告の活動が含まれている。

〔図表18〕　JISQ31000で定められた七つのリスク対応

リスクを生じさせる活動を開始または継続しないと決定することによってリスクを回避する
ある機会を追求するために、そのリスクをとるまたは増加させる
リスク源を除去する
起こりやすさを変える
結果を変える
そのリスクを共有する
情報に基づいた意思決定によって、そのリスクを保有する

第10章

マーケティング・ブランド戦略とコミュニケーション

1　マーケティングの基礎

PR は、企業等のマーケティングと整合的でなければならない。ここでは、マーケティングの概念およびよく用いられるツール等の基本的事項を紹介する。

(1)　マーケティングとは何か

マーケティングについて、一義的な定義は存在しない。米国の経営学者で「近代マーケティングの父」とも評されるフィリップ・コトラーは、社会学的定義として「マーケティングとは個人や集団が製品およびサービスを創造し、提供し、他者と交換することによって、自分が必用とし求めているものを手に入れる社会的プロセスである」と定義している[1]。同様に、さまざまな団体や機関が「マーケティング」を定義しているが、後述するマーケティング・コンセプトの変遷に伴い、近年では旧来の「マーケティング」の概念や定義にもみられた事業者と市場、顧客という視点に加えて、社会一般に対する活動という視点も含まれるようになっている。

(2)　マーケティング戦略の策定プロセス

マーケティングを実施するにあたっては、情報の分析、計画の立案、実行というプロセスを踏むことになる。フィリップ・コトラーによれば、マーケティング・プロセスは、①市場機会の分析、②標的市場の選定、③マーケティングミックス戦略の開発、④マーケティング活動の管理にあるとされる[2]。

近時は、上記コトラーが定義したマーケティング・プロセスを参考に、①マーケティング環境分析、②マーケティング目標の設定と課題の特定、③市

---

[1]　フィリップ・コトラー＝ケビン・レーン・ケラー（恩藏直人監修・月谷真紀訳）『コトラー＆ケラーのマーケティング・マネジメント〔第12版〕』（丸善出版、2008年）。
[2]　コトラー＝ケラー・前掲（注1）。

場細分化と標的市場の選定、④市場ポジショニング、⑤マーケティングミックスの最適化、⑥マーケティングミックスの実行という過程がマーケティング・プロセスの一般的な考え方となっている。

⑶　マーケティング環境の分析手法

㋐　SWOT 分析

企業等の内部資源について、強み（Strength）と弱み（Weakness）を、企業等の外部環境について、機会（Opportunity）と脅威（Threat）を挙げて分析する手法である。

マーケティングのみならず、経営戦略の策定にも用いられる。

SWOT 分析で明らかにした「外部環境（機会、脅威）と内部環境（強み、弱み）」の四つの要素をそれぞれ掛けあわせ、目標達成に向けた戦略の方向性を導き出す手法はクロス SWOT 分析といわれる。

㋑　PEST 分析

マーケティングマネジメントにおいて、自社のおかれている外部環境や自社の立ち位置を正確に把握、認識することが必要不可欠である。外部環境は、一般に企業等に統制不可能な「マクロ環境」と準統制可能な「ミクロ環境」に分けられるところ、マクロ環境を分析する手法として、PEST 分析が用いられる。

PEST 分析とは、政治的（Politial）環境、経済的（Economic）環境、社会

〔図表19〕　把握すべき外部環境情報の例

政治的環境	法改正、政権交代、行政解釈の変更など
経済的環境	景気変動、物価変動、関税、為替など
社会的環境	人口動態、ライフスタイルの変化、文化、宗教、消費者意識の変化など
技術的環境	技術革新、特許、新技術の普及、代替技術など

的（Social）環境、技術的（Technological）環境の頭文字をとったもので、上記四つの要因を切り口として膨大な外部環境情報を調査分析するものである（〔図表19〕参照）。

なお、PEST 分析の派生として、政治的要因から法的要因（legal）を分離し、環境要因（Environmental）を加えた PESTEL 分析や、さらに倫理的要因（Ethical）を加えた STEEPLE 分析などもある。

(ウ)　5フォース分析

業界の収益性を決める五つの競争要因から、業界の構造分析を行う手法が5フォース分析である。業界を五つの競争要因でモデル化し、その五つの要因について分析する。

五つの競争要因は、マイケル・E・ポーターの分類[3]では、①同業他社との競合、②新規参入の脅威、③代替品の脅威、④売り手の交渉力、⑤買い手の交渉力に分けられる。企業等を取り巻く外部環境を五つの競争要因に分けて分析することで、より客観的に自社の状況を把握できるようになる。

(エ)　競争地位の把握

業界において、自社がどのような立場、地位にあるかによってマーケティングの戦略は大きく変わることになる。そのため、自社の競争地位を正確に把握し、適したマーケティング戦略をとることが重要である。

フィリップ・コトラーは競争地位について、次の四つに分類し、それぞれとるべき戦略を練ることを提唱した[4]。

①　リーダー企業等

リーダー企業等とは、当該市場において最大のシェアを誇る、いわゆるナンバーワン企業等を指す。

リーダー企業等がとるべき戦略としては一般的に「市場規模の拡大」

3　M・E・ポーター（土岐坤ほか訳）『〔新訂〕競争の戦略』（ダイヤモンド社、1995年）。
4　コトラー＝ケラー・前掲（注1）。

「同質化」「非低価格化」戦略が挙げられる。市場規模が拡大すれば、シェアナンバーワン企業等であるリーダー企業等の取り分が最も大きくなるので、パイを大きくする市場規模拡大が重要である。また「同質化」は、下位企業等が差別化戦略を行ってきた場合に、同質の製品を投入して差別化製品の優位性を排除する戦略である。「非低価格化」はリーダー企業等のブランドイメージを毀損させず、また市場全体を縮小させないために重要である。

② チャレンジャー企業等

チャレンジャー企業等は、一般的に業界内で2番手のシェアを誇る企業等である。チャレンジャー企業等の主たる目標は、自社のシェアを拡大し、リーダー企業等に追いつき、追い越すことにある。もっとも、経営資源においてリーダー企業等に劣っているチャレンジャー企業等がリーダー企業等と同じ戦略をとってもシェアを奪い取ることは困難であるため、「差別化」を図る必要がある。

リーダー企業等が未だ発見していない市場ニーズを発見し、同ニーズに対応する差別化製品の投入や、リーダー企業等が対応できていない地域への対応などが一般的にとられるマーケティング手法である。

③ フォロワー企業等

フォロワー企業等は、チャレンジャー企業等と異なり、1位を狙うことなく、シェアを維持して着実に利益を上げることを狙うべき地位にある企業等である。自ら新たな製品を開発し投入することは、多額の費用がかかり、不発となった場合のリスクを負うことになるため、競争的地位の高くないフォロワー企業等には不向きである。そのため、フォロワー企業等は、リーダー企業等などの上位企業等が成功した戦略や製品を模倣し、それを低価格で実現することで一定のシェアを確保することを目指すべきである。

④ ニッチャー企業等

　　ニッチャー企業等とは、フォロワー以上の競争地位の各企業等が手を
出せていない特定分野において強みを有している企業等を指す。一般的
にニッチャー企業等は経営資源が少なく、規模が小さいところが多いた
め、少ない経営資源を特定領域に集中させ、強味を有する特定領域にお
いて市場の地位を確保し、同特定領域におけるリーダー化を図ることを
目指すことになる。

(オ)　4 P（4 C）分析

4 P とは、それぞれ「製品 (Product)」、「価格 (Price)」、「流通 (Place)」、「プ
ロモーション（Promotion）」の頭文字をとったもので、「なにを」「いくらく
らいで」「どこで」「どのようにして」販売するか、四つの要素を切り口とし
て分析し、市場や顧客に対するアプローチなどの戦略を構築する手法である。

　顧客側からみると、「価値 (Customer value)」、「コスト (Cost)」、「利便性
(Convenience)」、「顧客との会話 (Communication)」の 4 要素が上記 4 P と表
裏一体の関係となり、4 C と呼ばれている。

　4 P（4 C）分析においては、自社の経営資源や市場の状況をもとに、四
つの切り口で分析、検討していくことになる。具体的には、既存商品であれ
ば、「商品は現状のままでよいか」(Product/Customer value)、「価格は適正で
あるか」(Price/Cost)、「販売チャネルに問題はないか」(Place/Convenience)、
「顧客への訴求方法は適切か」(Promotion/Communication) という観点で、分
析し検証することとなる。

(カ)　PPM 分析

PPM とは、Product Portfolio Management（プロダクト・ポートフォリオ・
マネジメント）の略語である。自社の製品やサービスについて、市場の成長
率とマーケットシェアという二つの指標で評価したとき、当該製品やサービ
スが、どの位置（ポジション）に属するかを分析するものである。これは、
複数の製品やサービスを取り扱っている企業等が、戦略的にみて、どの製品
やサービスに経営資源を投入すべきか検討するために用いられる手法である。

〔図表20〕　PPM 分析と四つのポジション

① 花　形

　　花形に位置する製品やサービスは、大きな利益が得られる一方で、市場の成長に合わせて継続的な投資が必要となる。そのため、花形は現時点では大きな利益を獲得する事業ではないが、将来的に当該事業の市場成長が緩やかになってきた時点で「金のなる木」に変わる可能性を有している。花形事業への方針は、経営資源を投入し、市場の成長が落ち着くまでの間、市場占有率を維持あるいは向上させることである。

② 金のなる木

　　金のなる木に位置する製品やサービスは、高い市場占有率を背景に、収益力が大きい、一方で、市場成長率が低く、今後の市場成長は見込めないため、新たな投資を行う必要性がない。そのため、金のなる木は、他の事業に投資するための資金を稼ぐ、企業等全体の資金源となる事業である。

③ 問題児

　　問題児に位置する製品やサービスは、未だ市場占有率が低く、収益性が低いにもかかわらず、高い市場成長率に応じた経営資源の投下を必要とする事業である。市場成長率が高いため、経営資源を投下して、シェアを拡大し、「花形」への転換を図るか、あるいは他事業に目を向け、

撤退を図るかを検討することになる。

④　負け犬

　　負け犬に属する製品やサービスは、市場占有率が低く収益を生まないうえに、市場成長率も低く、今後の改善が全く見込めない事業である。負け犬の事業を残しておくと、企業等のキャッシュが消費されるだけであるため、早期に撤退戦略をとることが必要である。

(4)　マーケティング目標の設定と課題の特定

　上記(3)で行ったマーケティング環境の分析結果から、自社のマーケティング目標を達成するための課題を特定することになる。

　マーケティング戦略の立案にあたっては、企業等や組織全体の経営理念や、それに基づく経営戦略を無視することはできない。

　企業等、組織、事業を取り巻く環境を的確にとらえ、内部の事業や商品の位置を把握し、マーケティング戦略を立案するための基礎的要素である４Ｐを自組織の「強み」や「機会」を活かして高度化していくかを検討していくことになる。

(5)　標的市場の選定と方向性の決定

㋐　市場細分化と標的市場の選定

　個別のマーケティング戦略を検討するにあたっては、市場を細分化し、標的とする市場を選定する必要がある。具体的には、人や属性、あるいは購買嗜好など、さまざまな種類の消費者や競合他社がいる大きなマーケットの中から、市場を細分化、分類し、自社が勝負できる市場に的を絞ることをいう。そのように「市場細分化」を行うことで、市場を一定の規模に保ちながら、かつ、同質的なニーズをもつ消費者の集合に区分することができ、マーケティング戦略を考えるうえで、細分化されたどの市場をターゲットとするかを検討することができるのである。

　ここで、市場を細分化する基準（切り口）としては、①「地域」「気候」「都市や地方」等の地理的基準（ジオグラフィック）、②「年齢」「性別」「職業」「所得」等の人口統計的な基準を用いるもの（デモグラフィック）、③「ライフスタイル」や「価値観」「個性」等の顧客の心理的な側面に焦点を当てて分類する基準（サイコグラフィック）、④顧客の製品等に対する知識や反応、使用頻度等を基準とするものが挙げられる。

　市場を細分化した後は、市場セグメントの中から標的とするセグメントを選択する。なお、標的市場の選択方法について、デレク・F・エーベルは、全市場を対象とする「全市場浸透型」、絞り込んだ市場を対象とする「単一セグメント集中型」「製品専門型」「市場専門型」「選択的専門型」に分けて分類している。

〔図表21〕　市場細分化と標的市場の選択方法

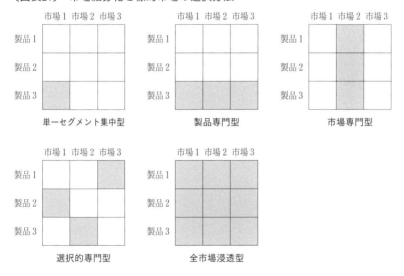

(イ)　市場ポジショニング

　「市場ポジショニング」とは、競争上の位置づけを意味し、製品間における競争の中で、いかにして自社製品が競合製品と差異を図って優位に立つか

137

を検討することである。市場細分化を行い、標的市場を定めたうえで、自社がどのような位置を占めたいかを検討することになる。

　具体的には、縦軸と横軸に別事象の消費者からの評価軸を設けたポジショニングマップを作成し、競合他社の製品と自社製品をマッピングして、自社の立ち位置の確認と、目指す方向性を検討する。

(6)　マーケティングミックスの実行

(ア)　マーケティングミックスの決定

　企業等は、その市場において、どのような競争的地位を得るか、どのようなポジショニングを図るかを検討、決定し、それに応じたマーケティングミックスを決定することになる。

　「マーケティングミックス」とは、4Pを、いかにマーケティング戦略に適したかたちで組み合わせられるかを考えることである。

　これらの要素を、標的市場、対象商品、マーケティング目標と整合させ、適切なマーケティングミックスを選択することが重要である。

(イ)　マーケティングミックスの実行と評価

　マーケティングミックスを上記(ア)のように検討、決定した後、それを実行することになる。

　実行後は、その評価を行い、想定との差異があった場合は修正し、いわゆるPDCAサイクルを通じて、より適切なマーケティングミックスの推進を行っていくことになる。

2　ブランド戦略

(1)　ブランド

　複数の企業等が、同種の製品やサービスを提供している中で、企業等独自

の価値を構築し、あるいは顧客に差別化されたオリジナルの価値を認識してもらうものとして利用するのが「ブランド」である。

　一般的にブランドネームやロゴマークが当該ブランドを象徴するものであるが、それ以外にもブランドを想起させるものとして「キャラクター」「スローガン、キャッチコピー」「ジングル」「パッケージング」などがある。

(2)　ブランド戦略

(ア)　総　論

　ブランド戦略とは、ブランド価値を高めて消費者に訴求し、市場での優位性を獲得するための戦略である。

　あらかじめブランドイメージの理想を確立し、消費者に正しく理解してもらうためにはブランド戦略をもつことが重要である。ブランド戦略の検討は、マーケティング戦略の検討と同様である。ブランドにどのような印象を抱かせることを目指すのか、ブランド浸透を図るターゲットをどのように設定するのか、そのために行うプロモーションをどうするのか検討することになる。

(イ)　ブランドの効果

　ブランドの効果としては、次のようなものが挙げられる。

①　差別化

　　同種製品を複数の企業等が販売している場合などに、ブランドイメージによって、他社製品との差別化を図ることができる。

②　顧客の愛顧（ロイヤルティ）の確保

　　顧客が長年にわたって同一ブランドの製品を利用することで、当該ブランドに対する愛顧（ロイヤルティ）が生まれ、長期的に同一顧客からの売上を確保することができるようになる。

③　ブランドによる価値上昇

　　製品そのものにブランドによる付加価値が生まれる。

④　知名度上昇による企業等イメージの上昇

「あのブランドをつくっている会社」として、企業等自体の認知度が上がり、企業等イメージ自体が上昇する。企業等自体のブランド（コーポレートブランド）化につながる。

⑶　ブランド戦略の流れ

㈠　ブランディング環境の分析

ブランドイメージに活かすべき自社の強み、競合他社の動き、外部環境の状況を正確に把握する。

㈡　ターゲットユーザーの選定

マーケティングと同様に、対象を細分化し、どのフラグメントに訴求していくのかを検討する。

㈢　ポジショニング

どのようなブランドイメージ（アイデンティティ）を訴求するのか、どのようなポジションを目指すのかを検討する。

㈣　ブランディング

どのような訴求方法が最も効率的か（マーケティングミックスと同じ考え方）を検討し、同方法を実行することになる。

●事項索引●

◎執筆者一覧◎（五十音順）

林　範夫（いむ　ぼんぶ） 一心法律事務所

〒530-0047　大阪府大阪市北区西天満 5 - 6 - 4
　　　　　　SN ビル202号
　TEL　06-6363-1004　FAX　06-6363-1014
　ホームページ　http://law-lim.com/

上平加奈子（うえひら　かなこ） 本間・竹森法律事務所

〒231-0006　神奈川県横浜市中区南仲通 3 -26
　　　　　　カーニープレイス横浜関内 5 階
　TEL　045-662-0103　FAX　045-662-0681

岡田　健一（おかだ　けんいち） 石井義人法律事務所

〒530-0047　大阪府大阪市北区西天満 3 -14-16
　　　　　　西天満パークビル 3 号館 8 階
　TEL　06-6366-0567　FAX　06-6366-0577
　ホームページ　https://www.ishii-law.com

川添　圭（かわぞえ　けい） アテンド総合法律事務所

〒530-0047　大阪府大阪市北区西天満 3 -10- 3
　　　　　　ARK 西天満ビル 6 階
　TEL　06-6363-1800　FAX　06-6363-1801
　ホームページ　http://attend-law.com/

田中　章弘（たなか　あきひろ） 厚地・田中法律事務所

〒541-0043　大阪府大阪市中央区高麗橋 1 - 3 - 4
　　　　　　小池高麗橋ビル 2 階
　TEL　06-6563-7150　FAX　06-6563-7160

143

田畑　淳（たばた　じゅん）　弁護士法人アライズ溝の口法律事務所

〒213-0001　神奈川県川崎市高津区溝口 2 - 3 -10
　　　　　　　内田ビル 3 階

　　TEL　044-750-7312　FAX　044-750-7313

　　ホームページ　https://mizonokuchilaw.com/

壇　俊光（だん　としみつ）　北尻総合法律事務所

〒530-0047　大阪府大阪市北区西天満 6 - 7 - 4
　　　　　　　大阪弁護士ビル501号室

　　TEL　06-6364-0181　FAX　06-7657-9774

　　ホームページ　http://danblog.cocolog-nifty.com/

南　和行（みなみ　かずゆき）　なんもり法律事務所

〒530-0041　大阪府大阪市北区天神橋 2 - 5 -28
　　　　　　　千代田第二ビル 2 階

　　TEL　06-6882-2501　FAX　06-6882-2511

　　ホームページ　https://www.nanmori-law.jp/

安保　和幸（やすほ　かずゆき）　安保和幸法律事務所

〒460-0002　愛知県名古屋市中区丸の内 2 - 3 -25
　　　　　　　Miz ビル 6 階

　　TEL　050-3201-6001　FAX　052-212-6838

　　ホームページ　https:// 相談しよう . みんな

（執筆者の事務所名は2023年 2 月現在）

弁護士のための PR（広報）実務入門

2023年3月25日　第1刷発行

定価　本体 2,200円＋税

編　者　PR実務研究会
発　行　株式会社　民事法研究会
印　刷　株式会社　太平印刷社

発行所　株式会社　民事法研究会
　　　　〒150−0013　東京都渋谷区恵比寿3−7−16
　　　　〔営業〕☎03−5798−7257　FAX 03−5798−7258
　　　　〔編集〕☎03−5798−7277　FAX 03−5798−7278
　　　　http://www.minjiho.com/　info@minjiho.com

落丁・乱丁はおとりかえします。　ISBN978-4-86556-525-6　C2032　¥2200E
組版／民事法研究会（Windows10 Pro 64bit+InDesignCC 2023+Fontworks etc.）